国家出版基金项目
NATIONAL PUBLICATION FOUNDATION

U0674096

社会主义核心价值体系建设
"双百"出版工程
项 目

100位

新中国成立以来感动中国人物

史光柱

刘一恒/著

★

吉林文史出版社

《100位新中国成立以来感动中国人物》丛书

★★★★★

编 委 会

主　任　　何建明　蒋建农　高　磊

副主任　　孙云晓　徐　潜　张　克　王尔立

编　委　　王久辛　杨大群　黄晓萍　申　剑

　　　　　褚当阳　刘玉民　王小平　相南翔

　　　　　夏冬波　刘忠义　高　飞　陈　方

　　　　　阿勒得尔图　陈富贵

前 言

　　每个人的心中都多少有一点英雄情结，都向往英雄、景仰英雄。也正因此，在中华人民共和国建国六十周年之际，由中央十一部委联合组织开展的"100位为新中国成立作出突出贡献的英雄模范人物和100位新中国成立以来感动中国人物"的评选活动中，群众参与投票总数近一亿。这其中的每一张选票，都表达了人们对英雄模范的崇敬之情，寄托着对伟大祖国的美好祝福。

　　一个民族不能没有英雄，否则这个民族就不会强大。当国家危难之时，懦弱者选择了逃避、妥协甚至投降，英雄们却挺身而出，用热血捍卫民族的尊严，人民的幸福。在创立和建设新中国的伟大历程中，涌现出无数可歌可泣的英雄模范人物。他们之中，有为了民族独立和人民解放而英勇牺牲的革命先烈，有为了党和人民的事业而不懈奋斗的优秀共产党员，有在全民族抗战中顽强奋战、为国捐躯的爱国将士，有英勇杀敌的战斗英雄和革命群众，有积极从事进步活动的著名民主爱国人士和国际友人……他们是民族的脊梁、祖国的骄傲，是激励全体人民团结奋斗的精神力量。

　　《100位新中国成立以来感动中国人物》丛书，就像一部星光璀璨的英雄谱，真实、完整地记录了英雄模范人物不平凡的一生，再现了他们非凡的人格魅力和精神世界。舍身堵枪眼的黄继光，拼命也要拿下大油田的王进喜，中国原子弹之父邓稼先，新时期领导干部的楷模孔繁森……一串串闪光的名字，一个个动人的故事，犹如群星闪烁，光耀中华。

　　当今中国正处于伟大变革的时代，迫切需要涌现出一大批勇于承担历史使命、为祖国和人民奉献一切的先进人物。在"双百"人物崇高精神的引领下，在建设社会主义现代化国家的征程中，必将英雄辈出。

生平简介

　　史光柱，云南省曲靖市马龙县人，1964 年出生，1981 年入伍。1984 年 4 月 28 日凌晨，在边境作战中，史光柱在 4 次负伤、8 处重伤、双目失明的情况下，带领全排收复了两个高地，胜利完成了战斗任务。在史光柱的军旅生涯中，他先后荣立一等功 1 次，二等功 2 次，三等功 2 次，1984 年被中央军委授予"一级战斗英雄"荣誉称号。

　　1986 年，史光柱进入深圳大学中文系，学习汉语言文学专业，成为我国第一个获得学士学位的盲人。他还发表了大量诗歌、散文，出版了《我恋》、《眼睛》、《背对你投下黑色的河流》等七部诗文集，在国内外各种刊物发表诗歌散文 600 多篇，18 次获国家级文学奖，许多作品被俄、法、英等国翻译并广为传播。他近年创作的歌曲《红豆》、《青春木棉》等在华语歌曲排行榜排名前列数月。1985 年他在春晚演唱了一曲《小草》，感动了无数的人。

　　2000 年以来，史光柱先后被评为全国十大新闻人物、全国十大影响力人物、全国十大艺术成就奖获得者等。

　　2009 年，史光柱当选"100 位新中国成立以来感动中国人物"。

1964-

◀ 史光柱

目 录 MULU

英雄史光柱的幸福生活（代序）

让时间退回到 1985 年。

1985 年，史光柱以战斗英雄的身份应邀参加了春节联欢晚会，演唱的一曲《小草》红遍大江南北，他也成为了家喻户晓的大英雄，全国各地的求爱信雪片般向他飞来。

其中一位名叫张晓君的北京姑娘的信是这么写的，她说："现在是鲜花掌声的时候，你在人们的一片欢呼声中从南到北地汇报你的英雄事迹，但是等到五年、十年、二十年以后，人们还会来关心你吗？那时很可能你一个人在生存，并且还会生存得很艰难。"

这封信感动了史光柱。后来，这位名叫张晓君的姑娘成为了他的妻子，并幸福地生活到现在。

一转眼，27 年过去了。"此刻"就已经是当年张晓君姑娘信中的"未来"。

对于任何一位英雄来说，27 年都足以让簇拥的鲜花和热烈的掌声通通远去。当年轻人将欢呼和尖叫毫无保留地献给镁光灯下劲歌热舞的明星时，老山前线的英雄史光柱，也开始了他归于平静后的新的人生。

见到史光柱，是在他北京近郊的住所里。小院里种着菜，藤架上挂着葡萄，一只小猫见有生人来就躲起来了，屋子里放了一个大鱼缸，不知道安装了什么东西，鱼缸一直会发出潺潺的流水声。

史光柱笑着说："我喜欢流水的声音。"

和27年前的照片一样，史光柱还是用墨镜遮住自己受伤的眼睛，只不过和27年前相比，现在的史光柱发福不少。聊天的时候，他出乎我意料地开朗和健谈，聊到开怀处便哈哈大笑。史光柱的反应很快，说话时思维颇为跳跃。

史光柱评价自己的定位"首先是一个好战士，其次是一个好儿子，最后才是好爸爸和好丈夫"。

他认为自己的性格"忠诚、单纯、好动"。

他有很多朋友，常常在一起吃饭、聊天，他喜欢美食，还用了一个时髦的词来概括自己："吃货"。

他很开朗，开朗得足以把很多假装深沉、假装愁苦的人衬得幼稚又肤浅。

也许，这种豁达，只属于真正洞悉了生活的人。

成为英雄之前

→ 儿时记忆

★★★★★

那天是 1964 年 3 月 18 日，天朗气清，一阵风吹来，带着原始而纯粹的泥土气息。已经是春天了，风里捎带上了一丝暖意。

这里是云南省马龙县普城村，隶属于马鸣乡密郎村委会，面积约 8.57 平方公里，海拔 1880 米，属于山区。

一位瘦小的 30 来岁女人捋了捋被风吹乱的头发，继续埋头干活。她用力地把地上的草皮铲起来，然后用火烧。这样烧过的草皮叫做"活土"，是极好的肥料。这个女人名叫史荞兰，是当地的妇女主任。她拿着板锄，大声招呼着村里的妇女一起铲草皮，好像忘掉了自己身怀六甲的事情。

忽然间，史荞兰肚痛难忍，但她坚持到快下工的时候，实在忍不了了，才带上农具往家赶。一到家把粪箕放下，倚在石磨的背后就再也走不动了，她的母亲闻声过来，帮助她接生。

史荞兰是独生女，按照当地风俗是要招上门女婿的，而这位上门女婿要改成妻子的姓氏。史荞兰的丈夫姓阮，名金德，入赘后改名史金德。因史金德入赘，史荞兰的母亲便既是孩子们的外婆，也是孩子们的奶奶。

史荞兰躺在粗糙、冰冷、潮湿的地上，经历着地狱般的痛苦,最终生下了一个瘦小的男婴。这是她第三个存活下来的孩子，之前的孩子中，活着的还有一个女孩和一个男孩。史荞兰一辈子有过 7 个孩子，存活下来的有 4 个。这个男婴在家里的男孩中排行第二。

"就叫老二吧。"她心里想着。在 60 年代的中国农村，没有谁会苦心孤诣地为一个孩子起名，小树小草，阿猫阿狗，能叫得应，就行。

直到八年后，这个孩子才有了正式的名字：史光柱。

这个名字是史光柱的老师起的，村里叫史光啥的都有，就是没人用"柱"字，那就叫史光柱吧，老师心念一动，一锤定音地拍了板。

而谁也没有想到，这个名字会一度响彻大江南北，千万人会流着眼泪喊着这个被一位乡村教师随口起下的名字，而名字的主人是他们的偶像，也是一个时代的英雄。

普城村没有水，没有路，没有电。挖不出水井，大家就在村子中间挖了一个深坑，靠沉淀后的雨季积水来勉强生活；村子周围的路都是山路，史光柱童年记忆中最宽的一条路，就是一条仅容牛车过的路；而在他整个成长过程中，跟"电"或者"电器"沾边的就是村里仅有的两三部收音机，已经是绝对的奢侈品。

史光柱的父亲史金德在当时是管着十来个村子的大队书记，在"文化大革命"时期的某次公审大会后，史金德当着所有村民面说："现在种粮食的不像种粮食的，当工人生产产品的也不像生产产品的，都搞斗争去了！农村不种粮你干什么？即使毛主席他老人家，你饿他一个星期，他同样要被饿死！"因为这一句话，史金德被打成了现行反革命分子，一家人的生活陷入巨大的困境。

童年时期复杂的环境和经历，对史光柱的性格形成影响很大。在无休止的隔离和批斗中，史金德被扭断了胳膊，打断了肋骨。当时年仅四五岁的史光柱对这一切感到既困惑又恐惧，不知道父亲做错了什么，不知道为何昔日慈眉善目的乡里乡亲、大叔大伯们会忽然变成这般狰狞模样。史光柱的母亲不让他去看批斗会，他太小了，这种成人都无法理解的场景，只会徒增小孩的噩梦。

但是幼年的史光柱就已经是个倔脾气了，"我要看父亲啊！"他心里想着，不顾母亲的劝告，两次溜进了批斗会场。第一次是在打麦场，父亲被人揪着头发，反绑双手推进会场；第二次是在生产队的仓房里，史光柱看见父亲跪在碎瓦砾、碎玻璃碴上，身前身后各烧着一堆熊熊大火，他的膝盖流着血，衣服被烤焦，身上多处烫起了水泡。

史光柱的母亲和外婆也没有躲过惊涛骇浪。母亲被殴打导致流产，留下一身的病痛。

那些日子里，史光柱由于惊吓过度，一到晚上就噩梦缠身，四肢抽搐。

这种恐惧随着时间的推移，又慢慢变成了对作恶之人的仇恨。到了史光柱十一二岁的时候，他找到那些曾经殴打过家人的坏人，往他们锅里扔癞蛤蟆，或者在他们的屋里扔死蛇……这些看似与普通小男孩恶作剧无异的背后，是史光柱根深蒂固的嫉恶如仇的性格使然。

史金德忍受不了折磨，从关禁闭的烤房中逃走并四处流浪后，造反派开始到史光柱家抄家，抄走值钱的东西。村里分粮食的时候，史家的粮食被扣走一半，而油全部被扣走。在父亲出走的两年（1969—1970）间，史光柱与母亲没有吃过盐巴，实在没有味儿，就用辣椒拌着主食吃。

比史光柱大12岁的姐姐，因为家庭的缘故不断受到流氓的骚扰，16岁时就早早嫁到了另外一个村。比史光柱大6岁的哥哥被迫离开学校，回家帮着挣工分。因为家里实在太穷了，哥哥12岁就承担了劳力的活儿，没人把他当小孩，该修公路就得去修，该打水库也得去打。

母亲身体不好，年幼的史光柱必须帮着做饭、找猪草、上山砍柴，这是他在5岁到8岁间的深刻记忆。史光柱上山找猪草或者柴火，如果遇见别人家的大孩子，定然会争抢他半天的劳动所得。史光柱不给，趴在背篓口，死死护着猪草和柴火。母亲曾经告诉过他："多找猪草才有肉吃！"那背篓里辛辛苦苦找来的猪草，是童年的史光柱对于"有肉吃"的期盼。若是从了别人家孩子的意，将所得悉数交出倒也罢了，若是拼死抵抗，一定会得一个鼻青脸肿的下场。

最初遇见这样的事情时，史光柱总是满腹委屈流着眼泪回家，哭诉自己的遭遇，盼望长辈能给讨回公道。可是在当时的

△ 史光柱和母亲、嫂子

历史条件下，家人也是无能为力。母亲总是告诉他："忍着，不要惹事！"可是小孩子哪里懂得那些复杂的事情，只是觉得，大人也解决不了自己的问题。他隐隐感觉到，大人不仅解决不了那些事情，还很难过。从此遇见类似事情，史光柱再也不与母亲和奶奶讲了。"与其我哭着回家，把她们的眼泪都引出来，还不如我擦干眼泪回家，像没有任何事情一样。"被抢走了猪草柴火，史光柱就默默地再去找，总之绝不空手回家。他带着对家里有用的东西回家，还带着手指上的伤口，带着身上的泥土和草屑，唯独不带眼泪。

多年后，这个五六岁的、被生活剥夺哭泣权利的孩子，会为了未来无数五六岁的孩子能肆意哭闹而挥洒热血。他的许许多多战友们，则为了千千万万人能安然老去，而将青春永远定格在了战火的硝烟中。

史光柱回忆："奶奶不让我在山上或者庄稼地里待得太久，她怕我遇上毒虫、毒蛇或者狼，其实，我更怕的是人。"

"疯狂的年代里人妖难辨，所做的事甚至比野兽更凶残。"

生活中的艰难，却是由大自然给予补偿。6 岁时，史光柱就认识了十几种中药材；7 岁时，他能在几十种野生菌之间，辨别出哪些有毒，哪些没有毒；8 岁时，他靠几种能卖钱的蘑菇和中草药赚取了学费和书本费。对史光柱而言，那些不单单是蘑菇和草药，还是艰难岁月里的依靠。

史光柱一直长到 8 岁才穿上裤子，之前无论春夏秋冬，都是光着屁股到处跑。父亲的衣服淘汰的给哥哥，哥哥穿到烂得不行，史荞兰再拿来打上补丁，给史光柱做件衣服。在史光柱的记忆中，他的童年大多数都是赤脚在走路，寒冬腊月也光着脚，一到冬天脚上就冻得开裂。在当兵之前，史光柱只穿过单衣，导致现在他每次穿棉衣都觉得特烦，又重又难受。史光柱回忆，小时候天天就穿一件衣服，早也是它，晚也是它，三两个月也不洗一次，倒也觉得轻松自在。

关于父亲，史光柱有一段很深的记忆。小时候的史光柱见猪身上长了虱子，听说盐能杀菌，就往猪身上擦盐，母亲责问，史光柱承认自己是怕猪长不好，怕吃不上肉。那时候史光柱已经半年没有尝过肉味儿了。蹲在旁边抽旱烟的史金德说："这孩子邪了门了，一到正经事就不上道，偏偏那些不着调的事一门灵。"之后，史金德几天没说话，有一天，他从山上扛来一根圆木锯成板，箍了一副桶，拿到集市上去变卖，买了半斤肉，带回来煮了给儿子史光春和史光柱吃。两个孩子闷头吃肉，完全没想到父亲所冒的风险。

史荞兰说："还是别这样，你已经是现行反革命分子了，别再因为这事给你扣上一个乱砍乱伐、投机倒把的罪名，那还不得冤死！"史金德一脸愁容，却不说话，抽着旱烟呆呆地盯着火塘里乱蹿的火苗。

→ 从新兵到老兵

★★★★★

　　1978年12月中国开始走上改革开放的道路，自此，中国从沿海到内陆发生了翻天覆地的变化。但是在史光柱的家乡，时间依然在缓慢而平静地流逝着，大家依然面朝黄土背朝天，过着贫穷而艰辛的生活。

　　1981年10月，史光柱应征入伍，那一年，他17岁。关于当兵，当时的史光柱抱着两个非常简单的目的：一个是想见见世面，一个是想学点本领。老家的小山村毕竟太落后了，而中国那么大，不知道大城市有没有传说中那么气派和漂亮，不知道外面的世界有多少的新鲜事儿。

△ 史光柱与战友们

　　除了长见识外，史光柱还希望当兵能学点东西，比如种植啊、养殖啊、修理啊……回来用这些本事就能养活自己和家人了。他想着，退伍了，就回到老家，娶个媳妇生个娃，踏踏实实过太平日子。

　　从马龙武装部乘车来到火车站，这是史光柱第一次看见火车，他觉得火车就像响尾蛇一样扭腰甩屁股，骨节拧得嘎嘎响。在乘坐火车之前，有人告诉史光柱，火车上应有尽有，但是他们乘坐的车厢，别说没有什么软卧硬座的，连个小马扎都没有，整个车厢空空荡荡。城里入伍的新兵见多识广，说这种掏光零碎的车叫闷罐车，拉货物用的。但是史光柱觉得，管它掏没掏光零碎，能到空心肚里坐一坐，也不枉坐过一次火车了。

风景在窗外不断流淌，把手探出去，能感觉到清凉的风。火车渐行渐远，那些茅屋，那些小院，那些曾经撒过欢的山头，都渐渐看不见了。过去被抛在了身后，而未知的新生活就在前方。

史光柱环顾着火车车厢，觉得这个大闷罐什么都好，只是没有茅厕不方便。"要是有地板缝就好了……"史光柱心里暗想。可是大闷罐里除了窗户没有别的口子，总不能背包摞背包，踩在上面对着窗外撒尿吧？那样也太对不起风景了。史光柱还没想好如何解决三急，已经有人迫不及待地对着车门缝尿了起来，一车厢人都笑得前仰后合。

这同一个火车皮中，共有18个马龙县籍战士在未来的战场上牺牲。但那时候的他们没有人知道这一点。他们欢声笑语，为即将到来的生活感到新鲜和激动。

火车到达东站，新兵们换乘有篷布的卡车。史光柱还记得，他坐的那辆卡车的篷布顶上有破洞，正巧天下着雨，雨水从破口淌了下来，滴在脸上，很凉。史光柱面朝车后站着，顾不上脸上的雨水，只觉得一切都很新鲜。城里的雨夜足够耀眼，亮闪闪的灯光照得街道、橱窗和花花绿绿的宣传栏贼亮。难道这就是昆明吗？史光柱心想。

半个小时后，车队拐过一座山就驶进了有兵站岗的大门，迎面是一座大礼堂，路灯下，史光柱看到一群干部模样的人，穿着雨衣整齐地站着。新兵刚下车，那群人就拥了上来，待新兵列队完毕，他们就径直走向各自感兴趣的新兵面前，有的询问姓名，有的伸手拍拍新兵的肩膀。被询问过姓名、拍过肩膀的人被叫到一边候着。

初来乍到的史光柱并不知道这叫作挑兵。团里有个不成文的规矩，优秀连队有权先挑新兵，把身体强壮、长相出众的新兵先挑走，余下的再逐一分配。身高一米五四的史光柱踮起脚尖也不起眼。他只能尽量挺直腰板，以免让人一眼就看出他的瘦小枯干，营养不良。史光柱回忆当时挑兵的惯例：选在首长身边的，就会选择一些长得英俊的；选搞通信的，就会挑一些看起来很机灵的。

最后，史光柱被分配到了步兵九连，尽管这个连没多大名气，但是史光柱依然非常高兴，毕竟能当兵，而且是在城市。"如果不是父亲平反昭雪，摘掉了反革命的帽子，我哪有机会玩枪呢？"史光柱心想。

刘朝顺，这个对史光柱有极大影响的班长，并不是史光柱的新兵班长。但是刘朝顺时刻都在关注着新兵训练，洗衣开饭，外出行走，只要路过操场，刘朝顺就要看上几眼。史光柱也不清楚是什么时候，刘朝顺就把他纳入了视野。

军体训练是史光柱的弱项，因为个子矮，对于双杠、木马等触手可及的器械，训练起来倒是不成问题，唯独单杠就极有难度，每次走到单杠下，都要竭尽全力往上跃才能够得着，不像个子高的人平地站定，双臂伸直轻轻一跳就能抓住横杠。别人做引体向上，一次能拉十几二十个，史光柱只能拉三四个。为了追赶别人，史光柱开始利用午休和晚饭后的空余时间加练。

有一次，刘朝顺看见史光柱在单独练习，就走过来问："你的班长、副班长去哪里了？"史光柱说："他们在休息，不好打扰。""这哪行，没人保护，摔伤咋办？"刘朝顺说完就向器械走来。他看史光柱拉了三个引体向上就松手落地了，摇摇头说："这种臂力哪行？你拉五个，完不成任务不准下单杠。"史光柱照他说的做，拉到了第四个就没有力气了。刘朝顺让他把身体垂直吊在杠上十分钟，没过两分钟，史光柱就双手发酸，胳膊发麻，说："坚持不住了！""坚持不住也要坚持！"刘朝顺说。

史光柱吊在杠子上，坚持到了十分钟，松手落地。刘朝顺哈哈一笑说："这不是挺好的吗? 以后要么不练，要练就横下一条心狠狠收拾自己。"这天过后，史光柱就按照刘朝顺指导的，先练习臂力，每天在宿舍趴在地上做俯卧撑。

新兵训练结束后，史光柱被分到了老兵班一班，刘朝顺成为了他的班长。一班、四班、七班是全连的尖子班。刘朝顺没等他把床铺铺好就来检查他的俯卧撑，史光柱双手支撑一口气做了30 个，刘朝顺很满意，说："你没有白吃饭。"但他觉得史光柱最后 5 个俯卧撑不算标准，于是就俯下身来做示范，脸不变色地一口气做了60 个，让史光柱佩服不已："班长，你太厉害了! 我可达不到你的水平。""谁说达不到? 给你半年时间。"刘朝顺说。史光柱摇了摇头，没有一点儿信心。刘朝顺认真地说："练不练是思想问题，练不练到位是体质问题。你不相信自己也要相信全班和我。"刘朝顺专门为史光柱制订了加练任务，除了正常工作外，每天晚上至少 300 个俯卧撑，半小时端腹训练。

史光柱一直记着班长刘朝顺的好，刘朝顺在带班的过程中体现出的对战友的关心以及"我为人人"的精神对史光柱的影响非常大。在史光柱后来的诗歌《班长》中提到的"没级别的级别，不记名的首长"便是写的刘朝顺，在"班"这个部队最小集体中，史光柱管中窥豹地感受到了合作、协同、互助等精神：

　　　　如果一个整体，

　　　　是把枪，

　　　　人人都是协作部件；

　　　　如果一个班，

　　　　是只鸟，

　　　　大家都是肢体五脏。

　　　　班长和副班长，

　　　　是头和翅膀。

　　　　鸟无头不飞，

　　　　枪无子弹空忙。

　　　　再小的单位，

　　　　也五脏齐全；

　　　　再小的细胞，

　　　　也有它的作为。

　　　　再小的鸟，

都有托起自己的翅膀。

再小的翅膀，

都有天地翱翔。

腹肌力量练习才刚刚开始，连队就接到通知，每个连要抽一个班去参加团队大比武，获胜者会代表全团到师里比赛。九连抽调史光柱所在的一班参赛。两个月的训练期，每天都有不同的科目，史光柱练得有种虚脱的感觉，全身都贴满了伤湿止痛膏。两个月的集训，让史光柱在战术、越野、射击、队列、穿越障碍等科目上的水平已经与老兵相差无几。特别是摸黑拆卸、装填枪支弹药等项目，史光柱学得尤其快，没多久就超越了老兵。刘朝顺说："你操作能力很强，不缺技巧，可惜没有从事技术兵种，要是分在了通讯连、修理连，肯定是一等一的好手。"

当年史光柱也曾努力进修理连，不过进修理连需要考试，那时候每个连队有三四十个新兵，三四十个里面至少有三四个高中生，而这样的机会一般都被高中生拿走了。同样，想当卫生员也是因为没有文化而失去机会。想当司号员呢，结果对方又说他牙齿不过关。"又不是挑驴子、挑马,还看牙齿呢!"史光柱很不服气。不过想干啥都没干成,这让他很失落。

大比武那天到了,史光柱信心满满,胸有成竹,抱着一定要好好表现的心情上了场,以为自己会为全班争光,结果没想到却给全班拖了后腿,而且还是在自己的优势项目上。

在穿越百米障碍的时候,由于从起跑开始,史光柱就太注重速度,消耗了体能,在穿越高墙的时候没能翻过去。两米四的高墙,速度不够的话是难以翻越的。第一次,没有翻过去。史光柱退后几步,铆足了劲儿第二次翻越,也没能翻过去。他只有再退后几步,重新再来。高墙虽然最后翻过去了,但是严重影响了班里的成绩。尽管还有别的科目,但是进前三名肯定无望了。

史光柱耷拉着脑袋,站在终点。"傻了吧,呆了吧,飞呀,你怎么不飞了!"班里的一个老兵斥责他。"你也是,开始跑那么快干什么,恨不得把全团的参赛选手都甩得无影无踪,剩你一个人表演。"另一个老兵说。

刘朝顺见战友讽刺挖苦,吼了一声:"你们干啥!不知道他是新兵吗?"班里的老兵走开了,史光柱低着头不敢抬眼。刘朝顺严肃而又劝慰地说:"把眼泪擦掉,不许再想,集中精力对付下面的比赛!"

比赛结束，一班的名次掉到了中下游，刘朝顺被连长和指导员严肃批评，说他工作不仔细，对每个参赛选手会遇见的困难估计不足。史光柱担心自己的失误对刘朝顺有不好的影响，想找连长和指导员把问题说清楚，但是刘朝顺死活不让他去。刘朝顺说："批评与自我批评是工作中常见的事情，错了就是错了，你没必要去为我辩解。"史光柱举棋不定，最后还是背着刘朝顺去连长和指导员那里做了检查。

　　一次小小的失误，让全班的努力前功尽弃，史光柱觉得自己辜负了连排领导的重托，也辜负了战友的信任，好几天都失魂落魄，一直问自己："如果我在比赛前一晚上休息好，如果我不急于求成，如果我不总想着超水平发挥，如果我在比赛中注意分配体力……"然而所有的如果都是假设。军人只有事前的假设，没有事后的如果。

　　史光柱躺在床上，为自己的过失深深自责。刘朝顺从连部开会回来，对史光柱说："你起来，我有事情跟你讲。"史光柱以为是要让他在军人大会上做检查，不料刘朝顺却说："连党委研究决定，让你到师教导队参加班长培训。"这个决定大大出乎史光柱的意料。

教导队管理很严格，小到着装礼仪，大到思想行为都遵循条例的规定。按时作息，按时出操，按时到达训练地点，按时队列训练，按时攻防演练……所有的内容都强调准时、准确，不允许出现半点误差。

由于步兵团的炮兵只是配属单位，在训练和作战中不占主导地位，许多学员不愿学炮兵知识，导致火炮中队学员不足，不得不临时调整，将学步兵专业的人员，调整一部分到火炮中队。史光柱就属于被调整人员。他来到火炮中队第三区队报到，班里的学员全是炮兵出身，有的虽不是来自炮连，但也是来自步兵连炮排，只有他对炮一窍不通，连炮弹皮都没有摸过。

史光柱相信自己是"哪里需要哪里搬"的砖头，必须干一行爱一行。他虚心求教，埋头钻研，从六零炮原理到保养维修，从理论知识到实际操作，从单兵动作到炮手协作配合，再到有障碍和无障碍射击，夜间移动靶和固定靶射击，炮阵地选择，以及班排协同指挥，所有内容一个不落，史光柱都硬啃下来了。半年下来，他不仅掌握了六零炮专业知识，而且成为示范标兵、优秀骨干。

回到连队后，史光柱临时接受命令到昆明北校场训练民兵，接着又到连队当新兵班班长，马不停蹄。训练结束后，史光柱被任命为九连四班副班长，跟班长杨圣搭档。杨圣是连里为数不多的高中生，思维敏捷，处事灵活，跟他搭档，史光柱真是求之不得。半年前和史光柱一起去教导队进行班长培训的一共6人，其他5人全部回到原班排当战士，接受工作检验，只有史光柱担任了副班长。

三个月后，因班长杨圣患眼病住院，史光柱代理班长，他将在教导队学到的知识在实践中融会贯通，结合刘朝顺的带兵方法，在班里开展"老兵带新兵，新兵看骨干，班长抓全盘"的互助活动。当班长从医院回来时，年终考核已经结束，四班在各项考核和评比中成绩优异，被团评为优秀班，班里的战士全部获得嘉奖，史光柱也因为工作成绩突出，荣立三等功，被评为全团优秀标兵。

史光柱觉得，部队的经历是对自己思想的一种提升，在进部队之前，他从来不知道什么是理想，只知道把自己肚子填饱就行了，到了部队之后，才真正地认识自己，才真正去思考人生除了吃饭睡觉之外的追求。

部队的公平、公正氛围也给史光柱留下了深刻的印象，他从小就生活在一个不公平的环境中，在别人的歧视下长大。面对歧视和不公正，史光柱有自己的生存方法，但是他依然无比渴望公平。来到部队以后发现，领导不管你来自城市还是农村，只要你做得好就会表扬你，你做得不好就会批评你。

史光柱从小到大，基本上就没有受到过表扬，最多是在家务做得好的时候，母亲史荞兰会说一句："辣造！"这是当地方言"能干、厉害"的意思。

在进部队之前，史光柱总觉得，高尚的人只在教科书上有，生活中不可能有。到了部队以后，在班长和战友身上看到了人性的闪光点，受到了触动，他觉得，其实生活中也真的有高尚。

1983年11月，报刊上陆续登出境外来犯者毁我家园、打死打伤我边防军民的消息。12月，各种训练的强度、力度空前加大。1984年1月，史光柱和几个班长同时入党。2月，刘朝顺提升为二排排长，史光柱被指定为战中第一代理排长。

年轻的战场

→ 硝烟中的20岁

★★★★★

1984 年 3 月初，史光柱随部队来到离中越边境只有 30 公里左右的麻栗坡县南温河，这里大多是壮族村寨。部队抵达后，立刻分散到附近村寨，并展开了实地训练。史光柱带着四班的战士在杂草丛生的山坡上艰难训练。这里山高坡陡，地形复杂，部队要在亚热带山岳丛林地作战，就必须适应这里的地形面貌和变化无常的天气。

3 月 18 日是史光柱 20 岁生日，他不知道这是否会是他最后一个生日。

九连连长李玉成打过仗，他对大家说："训练中要把困难想大，大到十倍甚至百倍。如果不这样想，在战场上付出的就是无谓的生命与鲜血。"史光柱体会到了连长的良苦用心——在训练中对战士要求严格，就是在拯救他们的年轻生命。

李玉成说："除了保证上级交给的任务，还要保证更多的年轻战士活下来，这才是我们战争的最终目的。"

4月底的一个晚上，在一户贫困人家里，史光柱对战友们说："同志们，这是战前我们给家里写的最后一封信，你们想说什么就写什么，不要有顾忌。"

看大家心情都很沉重，史光柱说："请同志们相信，这仅仅是我们战前的最后一封信，并不是我们人生的最后一封信，我们都要活下来。大家打起精神写信吧，就当作一次普普通通的家书。"

史光柱的家书是在训练间隙分两次写完的，第一次刚写了几句，天就下起雨来，他不得不收起信纸。第二次是在史光柱看完沙盘推演，跟着指导员到边防哨所近距离观察作战地形之后。那时候的他越发觉得战争迫在眉睫。尽管出征酒还没有喝，但从部队远程拉练来看，离收复老山的日子不远了。"如果在出征前能见见亲人多好啊！"史光柱想着，但是他知道这是不可能的。其实几天前，史光柱刚收到哥哥史光春的信，上面说母亲病重，让他回去看一看。

△ 战地家书

　　他开始接着写家书，他告诉家人侵略者在中国边境武装挑衅，犯下的累累罪行。他说自己在执行任务，不能请假，希望父母能理解。在信的最后，他写道："亲爱的爹娘，当你们收到这封信时，也许我已经上了战场，你们不要悲伤，请你们等候我杀敌立功的消息，我一定让两位看见我的军功章。"

史光柱本来想给家里介绍的女友也写封信，但想到还未正式订婚，他觉得假如自己牺牲了，女孩拿着这封信会更难受。想想还是作罢了。

　　第二天，全营在山坡上喝出征酒，史光柱和战友们一起，有的用水壶，有的用洗漱缸子，有的用饭碗，端起了白酒。风吹过战士们年轻的脸，有人流下了眼泪，但是又被风吹干了。

　　4 月 28 日凌晨，战斗打响了，史光柱所在二排的任务是：先配合三排攻占 57 号高地，拿下阵地后会同一排夺取敌军连部所在的 50 号高地。史光柱所在的四班是二排的主攻班。

　　6 点整，二排提前进入了进攻位置。6 点 30 分，三排向敌人发起攻击，二排迅速跟上，敌人进行猛烈的炮火拦阻，封锁了史光柱他们进攻的路线，当他们冲击到 58 号高地与 57 号高地之间时，敌人的炮弹在身边爆炸，刘朝顺被炸成重伤，他是二排的排长。史光柱赶紧扑过去，问："什么地方受伤了？"刘朝顺说："腿和胸口疼。"史光柱赶紧拿出急救包给他包扎。

　　刘朝顺艰难地用断断续续的声音说："四班长……现在全排由你指挥……一定要打好，不要给我们排抹黑！"看着刘朝顺成了一个血人，史光柱心里非常难受。史光柱说："你放心！"然后接过了指挥机，让战友们用担架把排长抬走。（作者注：刘朝顺出生于 1961 年，在战争中胸部受重伤，现在在云南省弥勒县派出所工作。）

史光柱判断了一下方位，带领全排向57号高地冲去。57号高地的左侧山包上两个机枪火力点向二排猛烈扫射，主峰上的高射机枪也在不停地射击，两个战士在冲击中壮烈牺牲，全排被火力压得抬不起头。史光柱想，应该先敲掉敌人火力点。于是他指挥大家散开队形隐蔽后，便匍匐爬到一棵炸倒的大树旁仔细观察，看见敌人一个正在喷着火舌的机枪火力点，迅速拿起牺牲在身旁的战士的火箭筒，一发火箭将敌人机枪打哑了。

然后史光柱猛地向右翻滚出2米，正在这时，敌人另一个火力点开始向他刚刚匍匐的地方一阵扫射。史光柱命令五班火箭筒手王龙贵干掉敌人第二个火力点，王龙贵连射两发火箭弹，把第二个火力点也打哑了。史光柱立刻指挥全排向前冲去。

史光柱翻过被炮弹炸倒的大树，向前跑了四五步，刚卧倒，左侧树林中就向他打来几颗子弹，他觉得小腿一热，意识到负伤了。他猛地往树林里一阵扫射，但是没有动静。他伸了伸腿，感觉伤势不重，就又向前冲击，冲到阵地上，史光柱向盖沟里打了一个点射，有个敌人刚想逃，被史光柱和几个战士开火击毙了。

史光柱让战友对敌人喊话："你们被包围了！""缴枪不杀！"

正喊着，敌人打来几颗子弹。史光柱立刻命令早已准备好的三个火箭筒手，连打了两个齐射，摧毁了敌人的碉堡。

史光柱带领二排发起冲击，一个名叫秦安金的四川战士为了掩护战友，被敌人一发子弹打掉了下巴和牙齿，两腮都被贯通，口腔无法包扎，嘴里流出的鲜血把胸口都染红了。史光柱命令一位新战士把他"抢"下去，他却挣脱战友，在史光柱胸口重重打了一拳，表示对史光柱这个代理排长的不满。他已经不能讲话，只能用这一拳来表示他坚决不下阵地的决心。他手握机枪与敌人对射，击毙一名敌人后，胸部中弹，光荣牺牲。后来，在这位战友身上发现了一个被鲜血染红的笔记本，上面记着这样一段话："战友们，如果我牺牲了，我还欠四班刘有宏十五元，请我的父母还了。"

季光能，17岁，是秦安金的副射手，他看见秦安金牺牲，抱着秦安金失声痛哭，可阵地上二排和三排还在跟敌人激烈交战，他放下秦安金，提着轻机枪追了上来，选择好位置后继续掩护战友，消灭了两个敌人火力点，胸部中弹，壮烈牺牲。

王树生，18 岁，头皮被炮弹片掀开，他将头皮按在脑袋上，继续坚持战斗，最终胸部中弹，壮烈牺牲。

化悲痛为力量，二排打得更加勇猛，最后和三排一起胜利地攻占了 57 号高地。

下一个目标是 50 号高地。50 号高地位于老山主峰的东侧，上面有敌人的一个连部，高地由三个小山包组成，敌人在正面设有堑壕、交通壕、防步兵绝壁、不规则的雷场和铁丝网，形成以高射机枪、重机枪、无后坐力炮交叉火力和明暗火力相结合的防御体系。

在前往 50 号高地的途中，需要经过一个三转弯，史光柱对战友说："我们必须匍匐前进，才能通过三转弯。"随后，他带领四班、五班率先通过了三转弯，但是后面的战友进攻心切，看到史光柱他们过去了，没有匍匐，就直立着冲过三转弯。敌人的机枪扫射，一个一个的战友倒下了，史光柱用手砸着土，心急火燎地大喊："不能直立冲击，必须低姿匍匐！"无谓的牺牲让史光柱心如刀割。

人员到齐后，史光柱流着泪迅速调整了战斗部署，又开始带领战士们攻打 50 号高地。他分析了地形和敌情，决定采取正面牵制、侧翼攻击的战术。在战前动员中，史光柱对全排同志说："有同志为夺取战斗胜利已经献出了生命，我们一定要冲上高地，为牺牲的战友报仇！"

大家向着 50 号高地冲击，史光柱刚冲到一棵树旁，一发炮弹在离他头顶 4 米高的树枝上爆炸，同时右侧也有一发炮弹接着爆炸，史光柱只听两声巨响，头上的钢盔飞了出去，头部左侧和左臂如同针扎一样疼，身体被强大的气浪掀起两三米，顿时昏迷过去。（后得知这次受伤，史光柱的左肩被打进四块弹片，头部被一块弹片击中。）

不知道过了多久，史光柱被给他包扎的战友摇醒："排长！排长！"史光柱醒来，感觉伤口剧痛，头重脚轻，双耳嗡嗡响（后得知是两耳膜穿孔）。他勉强睁开眼，看见战士们一双双焦急的眼睛在望着他，并告诉他敌人炮火密集，第一次冲击受挫。

史光柱很着急，全排等着他指挥，现在决不能倒下。他咬紧牙关，立即组织第二次冲击。战友们对他说："排长，你已经几处负伤，我们送你去医院！"史光柱说："不要管我，大家听命令，

△ 史光柱与深圳大学党委副书记陶一桃、校友马化腾

继续攻击。"

在史光柱心里，大丈夫行事没有退步一说，何况还是军人。为祖国而战，史光柱宁可前进一步死，绝不后退半步生。

史光柱挣扎着站起来，审视了一下地形，天灰蒙蒙的，缭绕着硝烟。他扫了一眼战友，大喊一声："跟我来！"沿着靠主峰一侧的山腰，钻进灌木丛。在史光柱的率领下，二排向50号高地一侧发起攻击，顿时枪声大作，敌人的冲锋枪、机枪、明暗火力一起吼叫。史光柱呼唤炮火支援，全排轮番上阵，迅速突击到敌前沿阵地。

史光柱顾不上左臂剧痛难忍，指挥大家向前进攻。在一片缓坡地带，遇到了敌人的雷场，史光柱命令使用地雷开辟器，打开了50多米长的安全通路。通过雷场后，前面是敌人利用自然环境设置的防步兵绝壁，高处约三米，低处约两米。史光柱选择了一个位置，组织战士们攀了上去。一登上绝壁，史光柱立即组织火力猛烈压制山头上的敌人，四班、五班交替掩护前进，很快攻下第一道堑壕。史光柱跳进堑壕，带着战友们向又一处阵地进攻。

攻击50号高地半山腰的阵地时，敌人居高临下，甩下手榴弹，其中一枚落在史光柱右前方的草丛里，冒着青烟。史光柱想捡起手榴弹扔到敌人阵地爆炸，担心被草绊住手。就在这一瞬间，史光柱看见右侧机枪兵张田也想伸手去捡手榴弹，来不及了，手榴弹就快爆炸了，史光柱抬脚将张田踹翻，顺势向侧后一倒，身体还未倒地，手榴弹就爆炸了，数十块弹片飞起，打在史光柱的喉部、膝盖和肩膀上。这是史光柱第三次负伤。（作者注：张田在战争中受轻伤，现在在云南务农。）

战斗到了最关键的时刻，史光柱虽然已经是五处负伤，但他没有任何犹豫。他来不及包扎伤口，就向战友下达了冲击命令。由于前面地形复杂，难以穿越，史光柱当机立断，留下一个火力组掩护战斗，其余人员向左侧包抄迂回。在迂回的过程中，遇上一排。李金平副连长见两个排会合，立即准备加强火力，梯次进攻。就在快钻出灌木林时，李金平副连长踩响了地雷。

李金平副连长和史光柱一同被高高掀起。一时间天昏地暗，飞溅的泥土混合着被炸成碎屑的草木，混合成粗粝的杀伤性武器，如同千万支锋利的箭从四面八方围攻人的血肉之躯。（作者注：李金平在战争中失去一条腿，现在在云南昆明当律师。）

那些滋养万物的、温润的泥土，那些柔软的、娇嫩的树枝，在这一瞬间忽然变成了狰狞的恶魔。飞起的泥沙、草木堵住了史光柱的嘴，憋得他喘不过气来。他觉得左眼像被尖刀猛戳了一下子，脸部被打进了几十块地雷碎片，史光柱把嘴里的泥扒出来喘了一口气，想看看发生了什么，却发现四周一片漆黑，才意识到什么也看不见了。

为了救刘朝顺，史光柱用掉了身上的急救包。战友赶紧解下了自己的急救包给他包扎。痛到麻木的史光柱感觉左脸脸颊有东西一晃一晃的，他估计是树叶被炸了粘在了脸上，他在左脸颊摸了摸，摸到一个肉球，想扯下来，但是一碰就钻心地疼，他估计这是左眼球。史光柱又轻轻按了按右眼，发现除了泥沙，并不像左边那么痛，他想右眼应该只是被泥沙糊住了，用水冲一冲就能看见。他把左眼球往眼眶里一塞，让战友包扎。

史光柱喊了一声副连长，战友们说副连长在昏迷之中。史光柱一听心急如焚，部队一旦失去指挥员，战士们就会失去主心骨。这种时候，每分每秒都有人流血牺牲，不能耽误时间。现在正是攻打50号高地的关键时刻，胜利就在眼前，不能掉链子。虽然大脑嗡嗡作响，史光柱依然尽

△ 描述史光柱英雄事迹的连环画

量保持思维清晰，他想，两个排合在一起，不够机动灵活，容易被敌人的火力包围。不如让一排还是沿着左侧向上攻击，二排从右侧攻击。

史光柱强忍痛苦，摸摸索索扶着一棵小树站起来，说："一排按预定方位攻击，二排回归原位。"

二排通信员蔡永生着急地喊道："排长，你的眼睛……你不能继续打仗了，我们把你抬到后方！"（作者注：蔡永生在战争中受伤导致脑震荡，现在在云南某银行保卫科工作，年老后有一些神经方面的问题。）

史光柱大声说："少他妈废话，眼睛回去冲一冲就行。"

史光柱带领二排回到原位，命令火箭筒手先消灭敌人火力点，然后命令道："重伤员留下组织自卫，能动弹的同志前面冲击，一旦消灭火力点，大家要叫起来喊起来，从气势上压倒敌人！"

史光柱忍受着常人难以想象的剧痛，边爬边指挥战斗。

此时，50号高地左侧响起了激烈的枪声，史光柱判断是一排攻入了敌人左侧阵地。于是命令道："同志们，向前冲啊！"

史光柱边爬边指挥，但是由于伤势严重，举步维艰，突然，他一脚踩空，摔进深沟里，昏了过去。

血肉模糊的史光柱不知道自己是什么时候被卫生员张兴武

△ 那个年代到处都是学英雄的热潮

和两个战士抬离阵地的。

几年后，史光柱用诗歌描述过这一段经历：

尽管我被

拆卸得七零八落

扔得一路都是

但我一直从

蚂蟥的嘴里

夜莺的爪下

争抢着灵肉

投入生命的重建

→ 生活剥夺了他黑色的眼睛，他依然努力寻找光明

★★★★★

"王龙贵，王龙贵！"史光柱用虚弱的声音喊着，没有人应声，他突然意识到，王龙贵在第一阵地就已经牺牲了。

"张田，张田，敌人的火力点消灭了没有？"史光柱又叫起机枪手的名字。四周很安静，没有枪炮的声音，也闻不到硝烟的气味。"蔡永生！蔡永生！"史光柱叫起二排临时通信员的名字。

还是没有人应答，四周是无边无际的黑暗。

"是不是他们都……"史光柱在一片模

糊的意识中开始感到不安和恐惧。

"张田! 张田! 蔡永生! 蔡永生! 狗日的! 你们都上哪里去了!"史光柱急切地喊起来,虽然声音依然十分的微弱。

突然,他听见一个年轻而欣喜的女声:"你醒了!"

史光柱一下子愣住了,阵地上怎么会有女孩子呢?他用手摸索着身上,有输液的管子,还有床铺和薄被。史光柱这才明白,自己在医院。

"我是不是在师部医院?"史光柱问道。

"不是,是 67 医院。"女护士轻柔地说。

知道是自己人后,史光柱紧绷的神经放松了。史光柱知道 67 医院,这是一所临时的野战医院,部队开往前线的过程中,经过文山州时,还曾经经过这所医院。

史光柱全身是伤,六处为重伤,全身大大小小的弹片好几百片,说每一句话都疼。

突然间,史光柱听到病床的右边传来叫喊声:"班长我来了!李海军赶快!快上!"

一个女护士跑进来对伤员说:"你们班长要我跟你说,叫你好好睡,敌人已经消灭了,你们已经占领了敌人的阵地!"

"尿……"史光柱说。他一说话,嘴角就有如刀割。他费了很大力气才向护士表达出想撒尿的意思。女护士拿来尿瓶,但是史光柱却执意要护士"找个男的来"。

护士无奈地说:"医院的护士大多数是女的,男的都是医生,现在从前线运回来的伤员特别多,他们都在手术台上,根本没有人闲着。"

史光柱让护士把尿盆放过来,然后让护士回避一下,想自己解决,但是一翻身全身就剧痛难忍,最后实在没办法,只能让护士帮忙。史光柱出生在一个偏远的小山村,"男女有别"的思想在他的脑海里根深蒂固。

醒来了,就要换衣服。因为身上的衣服已经全部被鲜血染红了,必须更换,但是史光柱死活不让人帮他换裤衩,自己身负重伤换不了,那就干脆不换。

折腾了一会儿,史光柱又断断续续、昏昏沉沉地睡过去了。

再醒来,已经是两个小时以后的事情。他听见女护士在他耳边轻声问:"有没有不舒服?需不需要吃点什么?"

史光柱摇了摇头。

女护士说:"吃点吧,我给你拿点去,稀饭、罐头都有,你要吃什么?"

史光柱微弱地说:"什么罐头?"之前史光柱听说过水果罐头这种东西,据说很好吃。他想,人快死了,何不尝尝没吃过的东西。

女护士说："橘子、荔枝、菠萝都有，你要什么？"

橘子么，史光柱还是小孩的时候，曾经看见别人吃过一个，得了人家剩下的橘子皮，稀罕得放在枕头底下放了一年，没事就拿出来闻闻。到昆明当兵后，有一次偶然看见一个卖橘子的摊，史光柱买了一些给自己解了馋，吃剩的皮放在衣柜里，染得衣服都是橘子香。荔枝从来没有见过，史光柱觉得不一定好吃。菠萝虽然没有见过，但是偶然有次听过战友提及西双版纳很神秘，菠萝很好吃。史光柱说："那就菠萝罐头吧。"

女护士说："你等着，我去拿！"说完就跑开了，很快拿了一个罐头回来，她拧开罐头盖子，用叉子叉了一块菠萝送到史光柱嘴边，史光柱轻轻张嘴，发现整张脸都在剧烈地疼痛。他的脸已经被烧焦了。

"不要了，我不吃了。"史光柱小声地说。

"是不是张开嘴疼？"女护士问。

史光柱没有吭声。

"没事没事，我拿药水给你敷一下，嘴唇软

了之后就能张开了，你先忍着点。"女护士拿着棉球蘸上药水，按到史光柱的嘴唇上，轻轻地来回敷着。史光柱的嘴角流下了血水。

医生走了进来，看到这一幕，对护士说："你这哪行啊？你用热毛巾敷一下，效果比这个好。"

"好的，我用热毛巾试一下。"女护士犹豫了一下回答道，然后对史光柱说："你先等一下，我去给你拿热毛巾。"

史光柱轻轻地点了点头。

几分钟后，女护士拿着热气腾腾的毛巾回来了，她对史光柱轻声说："忍着点，别怕，可能有点疼。"

女护士反复几次用热毛巾给史光柱敷了脸后，史光柱微微能张开嘴了，女护士递了一小块菠萝放进他的嘴里。

但是当他一咀嚼，牵动了脸部的肌肉，剧痛又重新袭来，史光柱赶紧吐了出来，说："不要了，我吃不下。"

"你嫌不嫌脏？你要不嫌脏，我把菠萝嚼碎了喂你吧！"护士说。

史光柱十分感动，但是他没有表露出来，他实在太渴太饿，于是点头默许了。

在一刹那间，史光柱想到了自己的母亲史荞兰，她也曾经用这样的方式喂过他。

菠萝很甜很甜，史光柱的眼泪湿润了包扎在眼眶的白色纱布。

史光柱又想起了自己的战友，想起了战场上的一幕幕，不由得哭出了声。女护士也哭了起来。

他是战场上披荆斩棘、百折不挠的钢铁战士，他带领着战友们冲锋陷阵，以至于可能连他自己都忘了，他仅仅是一个刚满20岁的男孩子。面对刀光剑影他可以不落一滴泪，但是面对温情，他却再也无法控制自己的情绪。

史光柱觉得自己就快死了，他说："我想我妈，她身体不好。"

史光柱边哭，血水就边从眼睛里流了出来。

这时，旁边一个30多岁负伤的连长一声吼起来："咱们军人轻伤不下火线，重伤不哭，你难道不知道！"

史光柱一个字一个字缓慢地说："我想我妈，不行吗？"

"不要以为你是干部就可以教训人，是干部有什么了不起，你没看见他的伤那么重吗？你还有脸在这里干吼！"一位负伤的班长出来为史光柱打抱不平。

　　"你什么人啊，一点人情都不懂！"一位负伤的战士也对着那位连长嚷嚷。

　　……

　　女护士抹着眼泪说："你们都别说了，其实这位连长也很难过，刚才他说话时也在流泪……"

　　话音刚落，负伤的连长哇的一声就大哭了出来。大家默默无言。

　　史光柱很感激女护士喂自己吃菠萝罐头，他强忍着嘴和脸部的剧痛问护士："你姓什么？"

　　护士说："我姓周。"

　　史光柱说："是周护士。"

　　周护士问："你是哪儿的人？"

　　史光柱说："云南马龙的。"

　　周护士问："你在哪儿当兵？"

　　史光柱说："昆明。"

　　这时，在史光柱病床右边的战士又叫起来："班长我来了！班长我来了！"病房里乱成一团，渐渐恢复了嗅觉的史光柱开始感觉到充斥在病房里的消毒水味、药味，这种气味以及周围伤员痛苦的呻吟声让史光柱有一种临近死亡的感觉。他感觉身上越来越冷、越来越冷，他好想出去晒晒太阳。

史光柱问周护士："现在什么时候了？"

"中午。"周护士说。

"现在有没有太阳？"史光柱问。

"有。"周护士说。

史光柱听说外面有太阳，挣扎着想坐起来。

"你是不是想晒太阳？"周护士急忙问。

"你不能起来，全身是伤，这样对你不好。"周护士有点急了。

看着史光柱痛苦的表情，周护士犹豫了一下，说："那，我们用担架把你抬出去吧。"

史光柱本不愿意让几个女护士抬着自己，但是又身不由己，只得任由她们搬弄。

周护士和其他几个护士把史光柱抬到了病房门口的一块空地，史光柱感觉到了阳光的温热，但是仅仅只能感觉温度了，他看不到太阳，甚至连太阳的刺眼他都感觉不到。那时的他还不知道，从此以后，太阳的模样就只能存在他的记忆之中了。

史光柱感觉自己越来越头昏，他觉得自己就快死了，想起周护士嚼碎了食物喂自己，他觉得临死前要把感谢说出来。

"你真高尚，说实在话，从我出生到现在，除了亲人，我没有跟其他女性相处过，小时候我生病，我妈也嚼吃的喂我，没想到在临死的时候,会遇见你,也嚼吃的喂我,感谢了。"说完,史光柱又哭了。

周护士赶紧给他擦流下来的血水,说:"你哭出来的都是血水,对你的伤口恢复不好,你要相信我们的话,这里是医院,你不会死的。"

"不,我不怕死。"史光柱说。

他刚说完,就昏了过去,他的伤势太重了。很快,他从67医院转移到了昆明军区总医院,后来,史光柱就再也没有见过周护士。

几年后,史光柱专门到67医院寻找这个护士,有人说没这个人,有人说她不叫史光柱记忆中的"周艳"这个名字,而是叫"周小燕",工作调动到昆明去了。史光柱又回到昆明,一一查询。他总共在文山和昆明各找过三次,找遍部队所有医院,也没能找到这位善良的白衣天使。

在随后的十几天里,昆明军区总医院的医生先后在史光柱脸上做了三次手术,第一次和第二次每次取出的弹片有一小把那么多。史光柱的左眼球都被炸出来了,只能摘除,右眼也被弹片击中,先后做了两次手术,也摘除了眼球。

史光柱的伤势很重,但他咬着牙坚持不哼一声。他对医生说:"别的伤不要紧,能给我保住眼睛就行。"他觉得,只要保住了眼睛，自己就能看到战友，看到连队，重返前线。

刚开始，医生并没有告诉史光柱实情，史光柱只知道自己今天推进手术室在这个部位划几刀，明天又在别的部位划几刀，两个星期以来，接受了好几次手术。但是他一直认为，自己的右眼是可以保住的。

几乎每天，史光柱都问主治医生孙医生，眼睛恢复得怎么样了。孙医生总是说，问题不大。

一段时间过后，当史光柱再追问孙医生右眼情况时，孙医生变成了"具体情况要等拆开纱布才知道"。

史光柱的英雄事迹传开后，得到了中央军委领导的高度关注。军委副主席杨尚昆同志表示，要由全军乃至全国抽调最高明的眼科医生，务求保住史光柱右眼。总政余秋里主任也专门打电话给昆明军区领导，要想尽一切办法治好史光柱的眼睛。

在昆明军区总医院住院一个半月后，在史光柱的追问下，眼科张主任告诉他："小史，我给你说个情况，你要有个思想准备。因为你是我们的英雄，是全国人民的英雄，你连死都不怕，其他任何压力都能承受得了，你说对吧。"

史光柱心里咯噔一下，说："主任，你说吧。"

张主任说："你的右眼被两块弹片击中了，眼球大部分受到损坏，玻璃体也流尽了，不可能恢复光明，希望你振作精神，忘记伤痛，做一个坚强的战士。"

史光柱瞬间跌到了绝望的深渊，这些日子以来，虽然自己也做过最坏的设想，但是那只是设想啊……他想看看战友，他想看看连队，他想重返前线，他想当一个卓越的指挥员……他才20岁，这个世界才刚刚向他敞开大门，就残忍地关上了，而且是永远地关上了。

"丢条胳膊、断条腿影响不了我的人身自由，偏偏是失去眼睛，没有眼睛我怎么巡逻站岗，怎么带兵，怎么去当一个指挥员！"史光柱的心里早已泪流成河。

战友们劝慰他，但是史光柱默不吭声，只是苦苦地沉思，想起过去美好的生活：在足球场上奔跑，在篮球场上跳跃，在训练场上练兵……如今，这些只能是永久的回忆了。

史光柱摆手让人们走开，他想单独待着。他用被子蒙住头，忍不住哭了起来。虽然蒙着被子，但是病房里的其他人还是听到了。大家都没有说话。

因为怕史光柱想不开，几分钟后张主任和孙医生又回来开导他。他们希望能说一些高兴的话，让史光柱的心情不要那么沉重。孙医生说："说不定我们小史以后还能找到一个其他人找不到的姑娘做媳妇呢！"孙医生说完，扭头问后面的护士："你们说是不是啊？"

护士们连忙配合着说："能找到！小伙子长得多精干啊！又勇敢又坚强，四次受重伤还不下火线。"

但是史光柱绝望的心情一分没少，盲人，多么凄凉的字眼。他想到了农村里盲人的艰难生活，父母亲活着的时候，他们的生活还能得到保障，父母亲去世后，他们就衣食难保，只能靠乞讨为生了。史光柱的童年就是在别人的歧视下度过的，如果再让他回到那种仰人鼻息的环境中，他宁愿去死。

史光柱开始拒绝治疗，拒绝说话。拒绝吃饭，这急坏了医护人员，他们轮流做他的思想工作，开始史光柱不说话，忍着听，后来就烦了，赶他们走。等他们再来的时候，史光柱干脆骂娘了。

他威胁着说:"谁他妈的要再到我面前婆婆妈妈的,我就打谁!"

安慰来安慰去,无非站着说话不腰疼罢了。

张主任对医护人员说:"人只要活着,不吃东西就会肚子饿,咱们可以在饭菜上做文章。"

每过那么一两个小时,卫生员就把热腾腾、香喷喷的饭菜端到史光柱床边,但是什么也不说,也不问他吃不吃。人在极度饥饿的状态下嗅觉特别灵敏,在史光柱绝食的第五天,他终于忍不住了,于是翻身坐起,摸索着端起饭菜,囫囵吞枣般把碗里的食物咽进了肚子里,他觉得自己从来没有吃过这么美味的饭菜。到现在,他都还记得,那天的饭菜里有豆腐、蔬菜和瘦肉。

"吃饱了做一个饱死鬼,也比饿死鬼强。"他心里想着。

边吃,他边想着怎么结束生命。找绳子上吊做不到,跳井、跳河,这医院附近也没有,那只有撞死最适合了,但是要是没撞死,反而撞成傻子,不是给母亲添麻烦吗?想到母亲,史光柱心里一酸,临死前一定要见见她。

史光柱暗下决定,只要父母赶来见上一面,立刻结束生命。

他托病友辗转给家人发了一封电报:光柱回昆因忙不能回家请到昆明。光柱母亲史荞兰收到电报后,请识字的村民念给她听,因抄电报的人把"忙"字分得太开,村民把"忙"字认成了"亡"字。

史荞兰痛哭倒地。史光柱的父亲史金德一屁股坐在了门槛上。史光柱的哥哥史光春抢过电报，看来看去，都觉得是"忙"字。

最后，一家人决定让史光春去昆明看看到底是什么情况。到了医院后，史光春看见史光柱眼睛上绷着绷带，问："你的眼睛怎么了？"

史光柱说："哥，我两只眼睛都没了。"

两天后，史光春心情沉重地回到家。"光柱怎么样？"史荞兰急切地问。"还好……光柱受伤了……一只眼睛没了。"面对体弱多病的母亲，史光春最终没敢说出弟弟双目失明的事实。

史荞兰坚持要到昆明看儿子，但是史金德用她身体不好为理由，阻止她去昆明，怕她看到受伤的儿子伤心过度。

几天后，史光柱的父亲、姐姐、哥哥和年仅7岁的弟弟一起来到昆明。见到缠着纱布的史光柱的时候，7岁的弟弟哇哇大哭，一家人也跟着哭起来。

史光柱的父亲也从医生那里得知了儿子双目失明的事实，他不知道在他和老伴百年之后，失明的史光柱要如何生存。他嘴里安慰儿子，心里万分痛苦。

受到严重打击的史金德，心脏病复发，加上一直患有严重肾病，在看望史光柱的半个月后去世了。

1984年9月21日，由军区召开的庆功会在昆明国防剧院隆重举行。开会前两天的一个上午，一个护士急急忙忙地跑进病房："史光柱，你当英雄了！"

"我当英雄？就我？像吗？"史光柱不相信地说。

护士忙说："瞧你，这么大的事，我能骗你？"

护士手里拿着报纸，想拿给史光柱看，但想到史光柱看不见，随即转向邻床的战友："你们瞧瞧，读给他听！"

战友抖开报纸，上面说中央军委发布的命令，一共授予十人"人民英雄"称号，其中就有史光柱。

这个消息实在大大出乎史光柱的意料："这就是说我和黄继光、董存瑞一样都是人民英雄？他们是我从小学习的典范，别说跟他们一个档次，即使跟我身边流血牺牲的战友相比，我也有差距。"

面对突如其来的巨大荣誉，史光柱没有反应过来，愣愣地抓住前来祝贺的病友，庆幸自己没有在双目失明的绝望中放弃希望，不然这脸可丢大了，不仅给部队抹黑，而且还辜负了党和人民的恩情。

就在表彰会的前一天，史光柱的父亲去世了，马龙县武装部政委找到部队领导，说明了情况，接史光柱回家。

　　这个云南小山村的贫苦家庭，在遭遇了接二连三的巨大打击之后，已经陷入了风雨飘摇的境地。

　　当史光柱回到老家为父亲奔丧的时候，发现母亲已经神情恍惚，甚至不认识自己的儿子史光柱了。这个瘦弱的女人因为儿子失明和丈夫去世的双重打击，已经患上了间歇性精神病。想到母亲，再想到7岁的弟弟，史光柱心如刀绞。

　　也许活着，对于别人起不了什么作用，但是活着，对于母亲和弟弟来说，就是生活的依靠啊。

　　就在这时，史光柱的订婚女友来信取消了订婚的约定。

　　一旦决定活下来，史光柱便拿出军人百折不挠的精神，不是用来杀敌，而是用来面对琐碎的生活。

　　洗衣服、叠被子、摸索着上厕所……这些对于普通人来说根本不是事儿的事儿，到了史光柱这里，却成为横亘在他面前的一道又一道坎。

　　比如说洗衣服，史光柱常常洗不干净，每当这个时候他就想，要是有眼睛的话，怎么可能连洗个衣服也洗不干净呢？还有上厕所，当年上厕所都是护士带着去，而护士一般也就二十来岁，还是女护士，史光柱心里特别别扭，但是行动又必须有人搀扶，所以一到厕所就开始赶护士，每次都要听到护士的脚步声走远了才开始解手。记得有一次，史光柱是听着护士走远了，但是忽然又听见她在门口与人交谈的声音，一紧张"唰"的一下就把裤子提了起来，喊着："怎么回事！"

跌跌撞撞中，史光柱一点一点学习重新生活的本事。他是真正的勇士，他已经正视过淋漓的鲜血，现在，他正在努力直面"惨淡的人生"。

一天晚上，护士余清拿着一本书走进病房，给史光柱念海伦·凯勒的故事。从故事里，史光柱得知海伦于 1880 年出生于美国一个偏僻小镇，因为猩红热，失去视力和听力，但是在老师的帮助下，她学会说话写字，长大后成了众人仰慕的作家。护士逐字逐句地念给史光柱听，而史光柱靠着床头，侧耳倾听。海伦·凯勒的故事深深感染了史光柱。

海伦·凯勒的故事和保尔·柯察金的故事都让史光柱想起一个不能回避的问题，那就是以后的生活应该怎么办。年纪轻轻的，总不能躺在往事里，掏空青春，这还不被寂寞淹死。他开始注意收听收音机，开始练字。

那时候的史光柱还没有想过自己的人生还有别的可能，还能开出别样的花。

鲜花、掌声，人生的另一种可能

→ 摸索中开始新生活

★★★★★

史光柱四次负伤不下火线的事迹首先在昆明军区《国防战士报》上,以《钢铁战士——记史光柱的英勇事迹》为题进行了报道,随后《解放军报》和各大地方报刊进行了大篇幅报道。

史光柱被中央军委授予"一级战斗英雄"称号。随后开始作为战斗英雄为群众做报告,他的故事鼓舞了无数的人。与此同时也有无数的求助信寄到了他这里,许许多多无助的、绝望的、需要帮助的人,都想到了他。史光柱收到这些信,感受到了自己的价值。

这一年是建国三十五周年,在国庆节时,

人民日报
海外版
PEOPLE'S DAILY OVERSEAS EDITION 2010年8月23日·星期一

史光柱新歌演绎英雄情怀
赵建

光明日报
GUANGMING DAILY

追求光彩的人生
——记今日史光柱

△ 《人民日报·海外版》、《光明日报》关于史光柱的报道

史光柱参加了观礼。这位战斗英雄大概从来没有想到，当他终于与自己梦中的圣地相逢时，却是以这样一种方式——他能听见人们的欢呼，能嗅到锦簇的鲜花的香气，能摸到天安门厚重的城墙，却再也不能看见自己心中的图腾。

很多年后，史光柱回忆起 1984 年那个让他终生难忘的国庆节，他说："印象中的北京还是我过去从小的概念：北京是神圣的，是中国的首都，天安门是放光彩的，你看过那个北京电影制片厂的电影吧？我记得放电影的时候，一有天安门就放金光，我脑子里就还是那个概念。我去过很多次天安门，每次都特别激动，我还是觉得天安门在放金光。"

△ 史光柱登上天安门城楼

　　"虽然在北京也住了很多年了，但到现在还是没有把北京当成自己的家，总觉得那是梦中出现的地方。"

　　"住了这么久，有些东西还是不习惯，城里面总是那么喧闹，城市又那么大，吃一顿饭跑那么远。我还是喜欢我的大自然，喜欢我的小山村，喜欢我在部队火热的生活。"

　　1984 年国庆，邓小平在人民大会堂亲自接见了英模，他握着史光柱的手，喊他"小鬼"。史光柱没有想到日理万机的邓主席能了解到他这个小人物的情况。

邓小平说："你姓史吧？"

史光柱非常惊讶，这时众人拥向邓小平，他也来不及讲话，忙着握手。人潮涌动，看不见的史光柱只好靠墙边站，过了一会儿觉得腿酸，就顺着墙根蹲了下来。几分钟后，一个像是过路的干部模样的人"咦"了一声，诧异地说："你怎么蹲在这里？"没等史光柱回答，那人就拉起史光柱："快，邓主席找你！"史光柱拉着他的胳膊，穿过人群，在警卫的指点下，快步走进休息室，迎接他们的是杨尚昆副主席，他说邓小平同志等了他几分钟，始终没见他来才走的。

△ 1997年，史光柱在天安门参加升旗仪式

"等了我几分钟！"史光柱非常吃惊，这期间怎么没有人来叫我？

后来才知道，不是没有人叫他，而是找他的人没能在人群中找到蹲在墙根的他。

史光柱后悔不迭，但当着杨副主席，不好表露，立正问道："邓主席找我有事吗？"杨副主席说："没事，他关心你的伤情，希望你把伤养好，为人民再立新功。"

回到宾馆，战友们纷纷开玩笑："阴沟地埂，哪里不能蹲，偏跑到人民大会堂蹲墙根！"史光柱一生气，就冲着战友们翻白眼，后来翻了几眼都没效果，才想起自己没了眼球。这一段故事，是多年以后史光柱在回忆录里写到的，几十年过去了，他终于能以一种经历岁月沧桑的幽默感来面对伤痛。

眼睛看不见了，要生存，总要做点什么吧……在荣誉和热闹之外，生存是一个很实际的问题。有的战友建议他学盲人按摩，但是史光柱腰部有伤，不太适合做按摩师；有的战友建议他学阿炳搞音乐，但是史光柱手指粗短，自认与乐器无缘……偶然有一次，他听到了郭小川的诗歌，韵律优美动人，而且写的军人生活让史光柱非常有共鸣。他一时间心潮澎湃，心想：或许我也能试试？

史光柱折腾了一个中午，写了一首30多行的诗，叫作《残

△ 1984年国庆观礼后在北京军区巡回演讲（左二为史光柱）

肢身》，他给战友们朗诵，但是朗诵了十几行，大家就哈哈大笑起来。"你写的诗叫什么诗，连口号、顺口溜都不像！"战友们表达了"听后感"。

史光柱觉得战友说得有理，自己文化水平太低了。他开始坚持听收音机学文化，边听边在纸上记录，记录下的东西，让战友时常念给他听。但是因为看不见，写下来的东西都是字叠着字，让人根本看不清楚。但是如果不记录，就没有办

△ 史光柱与战斗英雄安忠文、孤胆英雄陈洪远合影

法学习。医生建议他可以用录音机录下来，然后
反复地听。史光柱试了试，觉得用录音机学习也
是困难重重。这时，一个护士的话让他茅塞顿开：
"你应该学学盲文，这样就能动手写了，效果和
感觉更好。"

史光柱立即给原来团里的一个老领导打电
话，说明了自己的想法。两天后，对方来电话，
说盲人学校已经联系好了，等他伤好之后再去学
习。

1985 年 4 月，史光柱到上海长征医院做眼底手术。眼底手术实际就是在眼球没有了或者眼球损坏了的情况下，把眼底消平，安硅胶底板。与史光柱一起做眼底手术的有战斗英雄安钟文、孤胆英雄陈洪远，还有主攻连的张川。张川是史光柱最熟悉的，因为他和史光柱曾是同一个连队的，还当过史光柱的排长。在战斗中，张川的手受了重伤。

张川老排长在医院做假肢，他伸出断了 4 根手指的手，跟史光柱握手，史光柱一伸手出去就握了个空。他心里很受触动，在脑海里写了一首名为《手》的诗。同一天，他还写了一首叫作《我恋》的诗。

打完腹稿后，史光柱请护士孙富妹帮他把这两首诗书写下来。护士写完后，对这两首诗大加赞赏，并鼓励他投稿。史光柱想到自己曾经写过的那首被大家取笑的诗，看到孙富妹赞不绝口，也以为是取笑，红着脸说："别笑话我。"孙富妹劝史光柱把诗歌寄给报社，史光柱怕丢人没敢答应。

最后，孙富妹自作主张把《我恋》寄到《解放日报》，把《手》寄到《上海青年报》。半个月后，护士们拿着一封从报社寄来的信，冲进史光柱的病房，原来《解放日报》已经决定刊登《我恋》。史光柱的处女作以这样的方式登场了。

一个星期后，史光柱的《手》在《上海青年报》上发表。

史光柱觉得自己找到了人生的方向。他开始学习文学理论知识，或者让战友找一些文学理论书籍念给他听。

因为太过年轻就失明，史光柱对事物的观察有限，他明白自己的短板，于是就在听各种理论知识的基础上，努力用听觉和触觉去感受生活。

短短几年时间，史光柱创作了几百首诗歌，在《人民日报》、《解放军报》、《萌芽》等报刊上发表了一百多首。

1987年底，史光柱第一本诗集《我恋》出版；1989年，史光柱出版了第二本诗集《背对你投向黑色的河流》；1990年，史光柱被中国作家协会吸收为会员；1991年，史光柱出版了第三本诗集《酸月亮，甜月亮》；1993年，史光柱出版了第四本诗集《眼睛》；1994年，史光柱的诗集《眼睛》获国家优秀图书奖；2000年，出版散文集《藏地魂天》；2009年，出版第五本诗集《寸爱》……

1985年5月的一天，在上海长征医院做完眼底手术的史光柱与几个战友去看一个姓陆的盲人。陆先生请史光柱朗诵几首新写的诗。

"那我朗诵一首几天前写的诗——叫作《命运草》。

如果命运不安排你做花，

那就踏踏实实做草，

不求生命长短，

但求青春葱郁绿色，

像小草一样开始，

也像小草一样结束。"

在场的人听到这首诗，都十分感动，陆先生的妻子说："我有一次看话剧《芳草心》的时候，里面有首主题歌叫作《小草》，我听了非常感动，就专门找朋友把这首歌给录了，拿回来给爱人听。"

陆先生的妻子把这首歌放出来，给史光柱听。

没有花香，没有树高，

△ 小草

我是一棵无人知道的小草，

从不寂寞，从不烦恼，

因为我的伙伴遍及天涯海角，

春风啊春风你把我吹绿，

阳光啊阳光你把我照耀，

河流啊山川你哺育了我，

大地啊母亲把我紧紧拥抱。

旋律很简单，歌词也非常质朴，但是史光柱却被这首歌深深打动。他觉得自己就是歌里的那棵小草，每一句歌词都是他的心声。

几天后，史光柱应邀到上海一个单位做报告，报告结束时，他试着唱了《小草》，没想到，唱完之后赢得了热烈的掌声。

几个月后，史光柱到人民大会堂做报告，他又以《小草》作为结束，赢得了热烈掌声，掌声经久不息。后来据战友描述，当时现场一万八千多人，百分之九十九的人都流下了眼泪。当时电视台直播了人民大会堂的报告会，后来中央电视台的《每周一歌》节目截取了史光柱演唱《小草》时的录像，每天滚动播出，播了一个星期后，应观众要求又播，最后播了三个星期。自此，史光柱无论走到哪里，大家都叫他"小草"。在1985年的春节联欢晚会上，放着《小草》的音乐，史光柱朗诵了自己写的诗

△ 英模报告会会场

《笑》。

那是一个敢于牺牲、勇于奉献的年代，英雄辈出，也是个崇拜英雄的年代。

史光柱记得在西北四省演讲的情景。山西是老革命区，史光柱所在的部队就诞生在那里。1937年抗日战争爆发，以山西为主导的爱国志士、进步青年组建成了山西青年决死队，这就是史光柱所在部队的前身。报告团所经之地，群众情绪高涨，自发迎接，有的是整个县市集体出动，沿途的人群能排出两三公里。

不光山西如此，其他地方也一样，报告团走到哪里，哪里就刮起旋风，有时不得不增加场次，增加场次也满足不了听众的需求，只有把报告团成员分为两三人一组。史光柱这组讲完跑下一组，这个单位讲完跑下个单位，每天要讲三四场，还要腾出时间参与领导接见和记者采访，参与群众联欢、座谈。一天下来往往累得筋疲力尽，常常是坐在车上一会儿就睡着了。然后就是换一个城市接着讲。在史光柱的回忆中，那时候到处都是爱国热情，到处都是学英雄的热潮，可谓盛况空

△ 1985年，史光柱与模范卫生员钟慧玲参加广州青年联欢会

△ 中国人民解放军英模报告大会会场

前。

　　史光柱走过的地方北至草原，南至边陲，东至海上舰队，西至最高哨所，行程多少公里自己并不知道，只知道山路、水路、柏油路都走过。除了东三省和港澳台，其他省市都已走遍，每场最少听众十多人，最多的一场13万人，到现在，他一共演讲超过2800多场次。

　　多年后，史光柱在接受鲁豫采访时说："英雄，对国家而言，它有喜剧色彩，因为有英雄的存在，有英雄群体的存在，才有那种民族的脊梁和民族的精神。但与此同时，作为个人来说，英雄是悲剧性的，不管是对古代还是现代的个人而言多半带着浓厚的悲剧色彩。这一仗打下来，我眼睛失明了，父亲去世了，母亲疯了，我们家一仗牵进去三个人。还有我弟弟，当时非常小。"

→ 爱情不经意间降临

★★★★★

随着英雄热，来自全国各地姑娘们的求爱信也雪片般向史光柱飞来。

战友们开玩笑："史光柱，你真有艳福啊！"他们每次拿来求爱信都是厚厚的一大摞。

在每天成摞的信件中，有一位叫做张晓君的北京姑娘写的信，让他非常感动。信的

△ 史光柱夫妇

大意是："现在是鲜花和掌声的时候，你在人们的一片欢呼声中从南到北地汇报英雄事迹，但是等到五年、十年、二十年以后，人们还会来关心你吗？那时候可能你一个人在生存，并且还会生存得很艰难。"读完信后的史光柱自己也开始思考若干年后，到底自己会有一种什么样的生存状态？终究会有个什么样的人进入自己的生活并且共度余生呢？这些问题和姑娘的话语时不时闪现在史光柱的脑海。英雄也是人，是人就要面对锅碗瓢盆的日常生活。

　　报告团的领导们看了张晓君的信，也觉得这个女孩子非常不错，建议史光柱见一面。正好，史光柱没过多久就到北京做报告了。张晓君是崇文区人，报告团安排史光柱回信到崇文区团委，要他们转告张晓君，约她正月初一这天到报告团所在的北京工艺美术总公司招待所见面。但当崇文区团委的同志找到张晓君的单位时，却得知张晓君和朋友去泰山看日出了，估计一周后才能回来。报告团的人听到这个消息还挺失望，都说，小姑娘还挺赶时髦，大过年不在家好好待着，非得跑到泰山看什么日出。几位领导也没办法，只有等张晓君回来了，依部队的作风，你不要说在泰山，就是在青藏高原也得连夜赶回，怪只怪张晓君不是自己手下的兵。

　　一周后，张晓君回到北京，听说报告团向她发出邀请，非常激动，马上表态同意与史光柱见上一面。崇文区团委很快又将此消息告诉报告团，报告团表示，随时欢迎张晓君同志的到来。

　　第二天，住在北京工艺美术总公司招待所的报告团成员，从领导到普通成员都忙成一团，领导们甚至推掉了当天的应酬，把军装穿得整整齐齐，等待张晓君的到来。报告团的其他英雄们，甚至比史光柱还要激动，又是替他整理军装，又是替他梳理头发。

与报告团的大动干戈相比，张晓君倒是非常淡定，口红、胭脂都没有抹，坐着公交车就来了。其实在张晓君来之前，战友们还给史光柱设置了暗号，如果大家都觉得满意，就在他的脑袋上敲一下，如果不满意就用脚蹬他腿一下，他就推说肚子痛然后就走。

两人大概聊了四十分钟后，史光柱的领导就敲了一下他的脑袋，说："史光柱！你艳福不浅！"史光柱就明白怎么回事了。史光柱和张晓君总共聊了一个多小时，张晓君刚出门，大家就围住史光柱，七嘴八舌说开了。

战友们问史光柱："你觉得这个女孩如何？"史光柱说："我觉得还凑合吧。"战友说："还凑合！你能配得上人家都不错！"后来史光柱才知道，这位晓君姑娘可是一位大美女，他搜肠刮肚地在自己的脑海里搜索"美女"的概念，发现自己能想到的只有潘金莲。"我找潘金莲干什么？！"

史光柱觉得，女孩子太漂亮了就是烫手山芋。他当时反反复复问战友们张晓君漂不漂亮，战友们都说漂亮。史光柱想，一般你要是问了一百个人，当中有二三十个说不漂亮，那心里面就觉得安慰，不错，那就可以了。问题是问下来有百分之九十九都说不错，真是漂亮，很漂亮！甚至还有战友说："这真的不是明星吗？正常人不可能这么漂亮吧……"

史光柱犹豫了，觉得自己和张晓君不合适，一个来说，张晓君是皇城根下的人，而自己来自偏远农村；另一个，张晓君是大学生，而自己是初中生；再者，大家都说张晓君很漂亮，而史光柱觉得自己长得非常难看。

其实，张晓君打动史光柱的地方，在于聊天结束后，领导战友们告诉史光柱，这个姑娘在和他说话的时候，一直在流泪，只不过很克制，史光柱并没有感觉到。这让史光柱和在场的人都感觉，这是一个非常善良的好女孩。

战友们大概是不愿意这段"美人配英雄"的佳话成为泡影，摸准了史光柱的性格，纷纷使用激将法："你就是自卑！"史光柱心里不乐意了："不就是娶个媳妇！有什么好自卑的！"史光柱开始尝试和张晓君交往。

1986 年，经过部队批准，史光柱来到了位于上海警备区附近的一个盲人学校上学，对于史光柱这样后天失明、皮肤感觉不灵敏的人来说，摸盲文非常困难，常常摸错字。

"学盲文难不难？"张晓君在电话里问。

"我感觉自己很迟钝，平时是拿锄头、扛枪炮的人，学起盲文来十分慢，也很费劲。"史光柱说。

"我能不能学？"张晓君问。

"你看得见，应该三四天就能学会。"史光柱说。

"那你寄一些盲文书给我，我也学学盲文，以后我们写信就不需要别人代笔了。"张晓君说。

史光柱有点意外，但是张晓君一句"赶紧给我寄过来"让史光柱无法拒绝。

经过一段时间的学习，史光柱就可以不用别人代笔直接给张晓君写信了。张晓君写给他的信，他也可以不通过别人就自己"读"了，当史光柱收到张晓君的第一封盲文来信，并且通过自己的手指触摸的时候，心里又温暖又激动。在信中，张晓君邀请史光柱来北京玩。

但是史光柱有很多活动，走不开，就干脆邀请张晓君来上海做客。不久，张晓君来到了上海，待了十天。

鲜花、掌声，人生
的另一种可能

张晓君的父亲自得知女儿和史光柱交往后就一直非常反对，而这次知道女儿去上海看望史光柱，更是气不打一处来。张晓君的母亲则希望女儿能想清楚。他们认为张晓君太过年轻、单纯，把问题想得过于简单，只看到史光柱现在的风光，没想到未来生活的艰难。

　　"你们总把简单的问题整得那么复杂，没有你们想象的那么复杂。"张晓君说。

　　6月初，史光柱接到张晓君的电话，邀请他去北京的家里做客。因为母亲多病，史光柱的钱几乎都花在为母亲看病上了。接到邀请电话的史光柱身上只有40多元钱，他又跟盲人学校的老师借了50多元，与陪同的战友一起坐上了开往北京的列车。

　　史光柱花了40多元买了礼物，他拎着礼物怀着忐忑的心情，第一次走进了张晓君家。在聊天中，他坦荡地介绍了自己家的情况："我家那里是典型的贫困地区，照明点松油，用的水要到二三公里远的山沟里挑。"

　　"晓君，这么穷的地方，你能受得了吗？"张晓君的二姐听到史光柱这么说，心里发愁，

　　"二姐你真逗，我是嫁给史光柱，又不是嫁到他老家那个山沟里去。"张晓君说。

　　史光柱离开北京以后，张晓君几个特别好的朋友知道了这

事，非常生气。

"张晓君你什么眼光! 你知道吗，你等于自己在挖坟墓往里面躺，你要文化有文化，要长相有长相，他有什么? 一个穷当兵的，简直是鲜花插在狗粪上，你那大学也白上了! " 张晓君的一个朋友在电话里骂道。

"张晓君你是不是走火入魔了? 以前给你介绍对象你总嫌人家这儿不行那儿不行，个子要一米七五以上的，文化程度至少要本科，家庭条件要相等的。现在倒好，找到个穷乡僻壤的，还不是一般的穷，是一个穷得裤子都没得穿的山沟里，连自己吃饭都解决不了，你知道负担有多重吗? 你真有点神经病。"另一个朋友也很激动。

还有朋友约她见面，说 : "你知道我怎么想的吗? 像他这样的人又瞎又穷，就不应该结婚，这个世界不管他跟谁结婚，都是糟蹋别人、坑别人、害别人! "

"这是我结婚，不关你们的事! " 张晓君用这句话一锤定音，堵住了所有人的嘴。

当年那些认为张晓君嫁给史光柱是"鲜花插

在狗粪上"的朋友们，现在都与史光柱一家关系很好，聊起当年的往事，史光柱就哈哈大笑："狗粪就狗粪，肥沃了土壤嘛！"

1985年12月，史光柱来到深圳做报告，在给深圳各机关、企业讲完后，史光柱来到了深圳大学做报告。在报告的结尾，史光柱朗诵了自己的诗歌《我是军人》，会场掌声经久不息，史光柱只好又朗诵了一首《爱情的砝码》，场下又响起了暴风骤雨般的掌声。报告结束后，同学们都站了起来，然后又是持续了七八分钟的掌声。

报告结束后，深圳大学罗征启校长到后台，他对史光柱说："我刚才跟学校的其他领导进行了简短的商议，并临时决定，愿意接收你为深大的一名学生。"

当史光柱弄明白这并非名义授予的称号，而是真正与考进去的学生一起共同生活学习的全日制之后，他万分激动，对着罗校长行了一个军礼。在其他人发言完之后，罗征启校长走上讲堂，当场大声宣布："同学们啊，告诉大家一个好消息，经过校领导的商议和史光柱先生的同意，我们破格录取史光柱为深圳大学85级中文系学生！"

同学们在台下齐声呼喊："史光柱！同学！史光柱！同学！"

因为史光柱有巡回演讲的任务，以及要治疗伤病，他于1986年9月才来到深圳大学，成为国际文化专业的一名学生。

深圳大学位于南山后海湾，依山起伏，外海内湖，学校环境十分优美，人才资源也很丰富，是全国开放式综合类新型大学。尽管学校成立晚，1983 年才破土动工，但发展很快，曾被邓小平称为"深圳速度"。

史光柱住在深圳大学的蓬莱客舍，这是一处学校招待所。客舍前面是片空地，空地的对面是学生宿舍区，穿过宿舍楼走不远是道路交叉口，往左前方经荔枝园走，通向深圳市区。右前方通向图书馆、办公楼、教工区。图书馆一旁便是教学楼。

教学楼分大教室、小教室，大教室上公共课，小教室上专业课。史光柱所在的班五十多人，学的是汉语言专业，他的同学们都是应届考入的高中生，学习基础扎实，不像史光柱初中毕业，双眼还看不见。他们能记、能看、能听，史光柱只能靠听，加上双耳的耳膜在战场上被炮弹爆炸穿孔，有一边没有恢复好，听力受到极大影响。尤其在大教室听课的时候，史光柱有时候感觉自己好像在迷宫里，很难听清楚。他尽量坐第一排，好靠老师近一些。其实学生大多不愿意坐第一排，因为总会吃粉笔灰。史光柱不怕粉笔灰，他坐在第一排，按下录音机，认真听课。

老师讲课，不可能每句话都用说的，有时候讲累了就在黑板上写，搞得史光柱不知所云，一旦遇上爱写字的老师，史光柱就只有下课后找同学补课。

10月底的一天，在深圳的史光柱与在北京的张晓君通了电话。

"念书感觉怎么样？"张晓君问。

"唉，这回考试我好几门刚刚及格，听同学们说，要是一个学期有三门不及格就要降级，我真有点担心，我不知道自己能不能在这儿待下去。"史光柱有点丧气。

"那怎么办？可惜我离你远了，要近我可以给你补课。"张晓君也有点着急。

"这下麻烦了，丢人丢大了。"史光柱说。

"要不我辞职，到深圳来辅导你吧。"张晓君思索了一会儿，果断做出决定。

一个月后，张晓君借调到了深圳工作，业余时间帮助史光柱学习。

张晓君来到深圳，他们之间的恋情等于公开化，也算是正式确立了恋爱关系，消息传出后，报纸很快登出这个消息，在全国引起了巨大的反响。

1987年1月18日的报纸上以头版头条登出张晓君和史光柱已经举行简单婚礼的消息。但是当时的大学生是不能结婚的，校长大发雷霆，找来史光柱问情况，史光柱一头雾水。

那时候史光柱和张晓君只是确定关系，并没有结婚。后来向上级打了报告后，于当年的5月领了结婚证。因为报纸上已经登过他们举行婚礼的消息了，所以真正领证后，反而什么仪式也没有举办。张晓君后来总开玩笑说史光柱："两条军用被子就把我打发了！"

一年以后，史光柱给张晓君补了戒指和手链，这戒指和手链的价格在史光柱的老家能买一头耕牛，虽然心疼得不行，想到张晓君喜欢，也就咬牙买了。不过买之前，史光柱给张晓君定了一个条件："买戒指和手链可以，但是你从此就要听我的！"张晓君忙不迭地答应，不过这个约定在买完戒指和手链的一个小时后就失效了，还是媳妇说了算。

结婚后，妻子张晓君几乎成了史光柱的私人秘书，整理文稿、回复来信成了张晓君生活中的主要内容。在 90 年代之前，史光柱光回复信件用的邮票就花了上万元。

在深圳大学，每天上课铃一响，张晓君便搀扶着史光柱走进课堂，边小声解释边做笔记，晚上她忙完家务又开始为丈夫辅导功课。史光柱睡下了，她还在灯下预习或者整理笔记。学理科的张晓君硬是啃完了国际文化专业的所有书籍，并一遍遍不厌其烦地讲解给史光柱听。

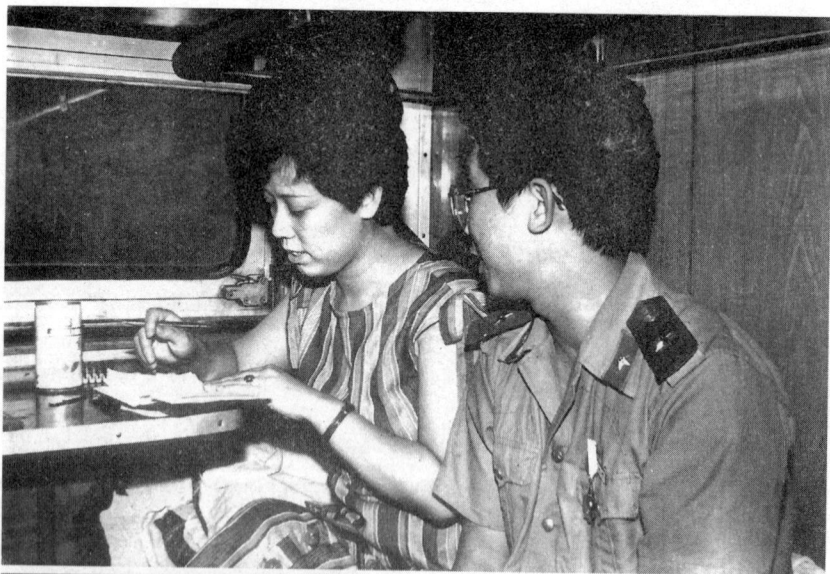

△ 史光柱与妻子张晓君在行程中学习

虽然事先已经听史光柱说过家庭的困境，但是刚结婚时第一次随史光柱回到云南老家，在北京土生土长的张晓君还是被吓了一跳：三个低矮的土坯房脏乱不堪，史光柱的母亲神情呆滞，时而清醒时而疯癫，而史光柱的弟弟才8岁。

张晓君是干部家庭长大，生活条件十分优越，加上美貌和高学历，年轻的她尚不知"艰辛"二字。到了史光柱家后，看见这样的情况，她常常借故到外边看山上的风景，其实是躲在山上偷偷掉眼泪。

有一次，史光柱让人到山上找张晓君，回家一看，眼前的情境让她惊呆了：半个村子的男女老少都来了，齐刷刷地围在史光柱的房子前。原来，他们都是来看史光柱这个北京媳妇的。一个长辈对史光柱说："光柱啊，你娶了一个这么漂亮的北京媳妇，这可是我们全村人的福分啊。可今天晚上你让她住哪里啊？总不能让她住在这个破屋子里吧？人家可是北京来的孩子啊！"张晓君不知道说什么，只好抓起瓜子分给大家。

送走客人后，史光柱拉着张晓君的手说："都看到了吧？"张晓君知道史光柱指的是家庭的窘境。但是张晓君说："看到了，这里山很绿，妈妈很善良，弟弟很可爱……"

第二天，张晓君就带着婆婆去看病，一检查，史光柱的母亲竟然患有精神分裂、十二指肠溃疡、风湿、妇科等6种疾病。当天的检查费、医药费就花掉了800多元，相当于张晓君好几个月的工资。

离开婆家的那一天，史光柱和张晓君只留下了两人的车费，其他的钱包括衣物都交给了史光柱的母亲。张晓君以为这样做能够让婆家挺过一阵子，但是没想到，刚回深圳不久，家中又来电报，说弟弟突发阑尾炎，急需用钱。

接到电报后，史光柱对张晓君说："你赶紧给老家汇300元钱去。"张晓君有点委屈，说："这不刚给老家留钱了吗？你一个月只有84元工资，我一个月也只有200元钱。学校为了照顾你我，免去了我们的住宿费，可我俩每个月的生活就要300多元，还不包括你战友来看你时候的招待费。我上街买菜都是挑最便宜的菜买，这300元你让我从哪里来？"

小夫妻你一言我一语争吵起来，最后是同学们凑了300多元，给史光柱和张晓君解了燃眉之急。

在未来的生活中，只要手头的钱稍一宽裕，张晓君就带着婆婆去看病，把病一样一样治好，而史光柱弟弟的学费、生活费，

△ 史光柱在故宫

她也承担下来。

因为成长环境差别很大，史光柱完全理解不了张晓君的"小资"情节，张晓君也完全不了解史光柱老家的风俗习惯，也引出不少趣事。比如在史光柱老家，鸡头是给老人吃的，鸡爪是给桌上最富裕的人吃的，大家尊敬张晓君，请她吃，张晓君也不客气，高高兴兴就吃了。背地里当地人就笑话："她还真吃啊。"

云南的农村是有火塘的，张晓君一觉得脚冷，脱掉鞋子就把脚伸在火塘上烤，当地人就觉得这小姑娘颇不懂规矩。有人私下里跟史光柱说起，史光柱就说："不要管那么多，城里人哪里管那么多！"大家就笑说："史大英雄怕老婆！"

因为史光柱家乡思想比较封建，把"男女有别"看得特别重，作为史光柱的哥哥，史光春是不能正眼看弟弟的媳妇的，而史光柱的弟弟史光林，正眼看嫂子也是不太合适的。出于尊重，史光春和史光林一直没太正眼看过张晓君，导致十几年后，有一次张晓君实在忍不住了，问史光柱：

△ 史光柱一家在接受记者采访后合影

1=#C 4/4 中速稍快　　　　　　　　　　　　　　　史光柱词曲

△ 史光柱词曲《娶你现在也娶你未来》

"你家里人咋回事儿，怎么你哥哥和弟弟都是斜眼儿？"

1988年12月，儿子阮雪楠诞生（因为史光柱的父亲是入赘，考虑三代还宗，所以儿子姓阮）。张晓君陪伴丈夫在深圳读完大学后，一家人就回到了北京。那时候他们住在刘家窑一个地下室里，张晓君在一个饭店上班，每天还要洗衣、做饭、带孩子，三四十公斤的米袋、煤气罐，她都是一鼓作气扛到家。

北京的一些大商场，她从不敢涉足，为让丈夫宽心，就"骗"史光柱，把自己身上百十来块的衣服说成几百上千的名牌。地方上一些企业想用史光柱的名字生产产品，均被史光柱断然拒绝，他不愿拿英雄的名誉去换取经济利益，而张晓君也很理解。

有一次，从饭店回家的路上，张晓君看见一个盲人过马路，赶紧跑过去带着人走，没想到自己却被车撞了，受了伤。骑自行车往返饭店和家的时候，更不知道摔伤多少次。

张晓君不让史光柱自己做饭，总怕他一个不留神就引起火灾，每天都要赶回家给他做饭。史光柱不想媳妇那么折腾，就学会了做饭，但是嘴里说着："你一生气、一吵架就不给我做饭，我学会了，你就拿不住我了嘛！"

史光柱开玩笑说张晓君："她是家中老小，不会带孩子，孩子一哭就扔给我，孩子一笑就赶紧抱过去心肝宝贝的。"提到儿子，史光柱说："因为眼睛看不到，从小我对他的呵护会少一些，她妈妈、她姥姥对他的呵护会多一些。而且因为眼睛看不到，多半也是他来照顾我，我不能照顾他。我的儿子属于懂事型，现在很多独生子女以自我为中心，但是他不这样。我一直告诉我的儿子，有句话叫作'嫁汉嫁汉，穿衣吃饭'，男人是要养家的，而且在女人需要休息的时候，需要悠闲的时候，需要撒娇

△ 史光柱夫妇在《鲁豫有约》节目现场

的时候，她最后的堤坝都是男人。所以作为男人，他的承受力、吃苦意识以及对人的宽容心都要具备。"

很多人，对军人家庭总会有一种模式化的认识，总觉得军人家庭总会用军队的那一套来教育孩子，导致两代人代沟加深。但是史光柱却不这样。史光柱说："我对儿子比较严格，但是我不经常打他。因为我自己小时候就很调皮捣蛋，我父亲经常打我。在我儿子身上，我不想重复这种教育方式，到现在为止我就打过一次我儿子，因为他撒谎。我对儿子说：'你将来可以不成为人才，但是绝对不允许你成为社会的垃圾。'"

史光柱与张晓君也吵架，吵完过不了半个小时就好了。张晓君性格比较粗线条，直来直去，虽然两人早年的生活很艰苦，但是好在两人都属于乐天派，苦中作乐，现在想起来，辛苦的生活也有许多快乐。

张晓君在饭店工作时，因为常应邀陪同史光柱参加报告会，导致单位给穿了小鞋，不涨工资。张晓君一气之下就辞职不干了，从此不参与史光柱的活动。后来就不接受采访，中央电视台记者的采访也不接受。唯一接受过的采访是鲁豫的，因为她比较喜欢鲁豫，但是在台上因为太紧张，也没说几句话。当鲁豫问张晓君最喜欢史光柱哪一点时，张晓君特别紧张，史光柱在旁提示："有话直说！你就说看哪儿都顺眼，你说嘛！"鲁豫大笑："不带这样要求表扬的！"

熟悉史光柱的人都觉得，跟外界很多人的想象不同，虽然经历了太多坎坷，但是史光柱到现在依然十分单纯阳光，张晓君的性格也和少女时期一样开朗、要强、倔强。有时候因为张晓君脾气倔强，两人吵架，但是史光柱就想，要是她不倔强，当初也不可能冲破重重阻拦嫁给我了，这么一想，就什么气都消了。

成长经历、生活背景完全不同的两个人，因为缘分走在一起，共同对抗生活中的种种，几十年的婚姻生活，有摩擦，但更多的是相濡以沫。

⟶ 象牙塔里的英雄

★★★★★

在深圳大学学习期间，史光柱觉得所有课程中最难的是古代汉语。比如《木兰辞》里的"唧唧复唧唧"到底是哪个字，是机器的"机"还是老母鸡的"鸡"，史光柱一头雾水，只能请同学用结构分解的办法给他讲解。如果听不明白，再请别人用手指在他的掌心边说边写，自己在脑海里慢慢构思这个字的形状。史光柱一个字一个字地认，一个词一个词地学，今天掌握一段，明天理解一章，一门课刚完，另一门课又排上日程，每天的太阳都是新的，每天的生活都充满了探索未知的乐趣。

史光柱有一个战友是贵州人，他和史光柱一样都梦想着当一位卓越的指挥员。他利用节假日，买来数理化，埋头学习。头一年考军校，只差2分。想着第二年提前准备，准能考上。结果上了前线，再也没有回来。他想上大学，却永远倒在了老山前线。想着这位战友，史光柱对自己获得的学习

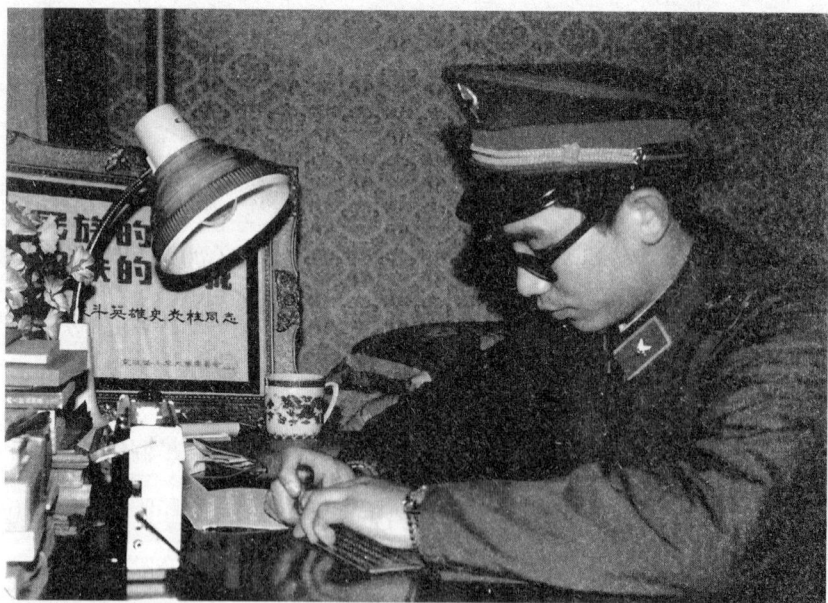

△ 学习中的史光柱

机会就更加珍惜。

　　上课时，由于不能像明眼人那样，可以看看老师的表情，看看窗外的色彩调节大脑，时间一长就造成了史光柱的神经性偏头痛。止痛片不能多吃，为了正常上课，史光柱就掐着手指刺激神经来坚持。疲劳紧张加上天气闷热，他的眼眶经常发炎，有时候红肿得像两个裂了口的石榴，连假眼球也放不进去。由于耳膜负过伤，经常感染化脓，一堵上就听不见老师讲课，只能坐在宿舍里，凭着记忆，默默温习以往上过的功课。

　　一天晚上，史光柱坐在宿舍里听录音，突然大腿一痛，以为被蚊子咬了，心想，怎么特区的蚊子都与众不同，隔着裤子还能咬人。没过多久，被咬的地方肿起一个包，史光柱猜测不是蜘蛛就是蜈蚣。半个小时后，同学到他的房间玩，史光柱请同学看看到底是什么东西咬了他，同学搜寻一圈，在纱窗角发现一只大马蜂。在这之后，史光柱每天晚上就把蚊帐放下，钻到蚊帐里去学习。深圳夏天闷热，罩着蚊帐学习，就像大热天穿着棉袄，没过多久就汗流浃背。

　　在大学期间，史光柱写下了很多优秀的诗歌，都是自己在学习过程中碰撞出的所思所悟。有一次，史光柱正在房间里学习，一个同学在窗外叫他，由于离得很近，在史光柱猝不及防的时候，同学声音就突然撞击到耳膜，他一瞬间想起了在战场上那

△ 朋友为史光柱读书

些猛然爆炸、震耳欲聋的炸弹，想起了很多战场
上的往事，于是写了一首《塑像》：

　　　　我走过那棵被风修剪过的树旁，

　　　　有一双僵硬的胳膊凉凉地搂住一只

　　　　冻僵的白鸽。

　　　　这尊塑像像伟岸的身躯，

　　　　屹立在我身旁。

　　　　我陪着我哭泣的心，

　　　　用颤抖的手指点燃一根中华。

喂在他嘴上，

弥补他十八岁的遗憾。

1987年夏天，史光柱、张晓君和几个同学一起去深圳小梅沙看海，这是史光柱第一次接触到海。

小梅沙的人特别多，穿着泳衣的男男女女在海边玩耍，史光柱能听见他们快乐的欢笑声，他走着走着就坐在沙滩上玩起来。

"大海是不是特别蓝？"史光柱问张晓君。在他的意识中，大海是非常蓝的。

"不蓝。"张晓君回答说。

"为什么不蓝？"史光柱感到很疑惑。

"可能是靠海岸近吧！"张晓君说。

张晓君带着史光柱踩上沙滩，沙滩特别的柔软。

史光柱说："我们游泳去吧！"

"好啊，我们游泳去。"张晓君带着他走向浅海区。

身体浸进大海中，每一个波浪的节奏似乎都传导着远方的信息，史光柱感受到了大海的广阔。

听张晓君说起，史光柱才知道，大海除了蓝色，还有别的颜色。之前他以为海水是甜的，尝了才知道是咸苦的。大海的宽阔、温柔和疯狂，他体验过以后才知道。

回去后，他写下了一首《水手的后代》：

我们奔向大海，

每级海滩，

有每级海滩的记忆；

每次浪潮，

有每次浪潮的颜色。

我们站在海边，

站成一簇青青的水草；

我们挥着手臂，

打捞各自失去的珠贝。

目光蘸着夕阳，

在折断的桅杆上，

写下蓝蓝的自白。

我们是一群赶海的人，

来去匆匆；

我们是一片片白帆，

浸透满身的海水；

我们是水手的后代，

疲惫而又坚强地寻找着岸。

有一次，史光柱与张晓君到昆明部队做完报告后，一起去昆明植物园，去看史光柱心仪已久的橄榄树。史光柱曾经听过《橄榄树》这首歌，他一直很想"看看"象征着爱与和平的橄榄树到底是个什么样子。

"橄榄树是不是很大啊？"史光柱问张晓君，他觉得橄榄树应该是参天大树。

"不见得，有大的也有小的。"张晓君说。

到了植物园后，张晓君带着史光柱走到橄榄树前。

史光柱轻轻地抚摸着橄榄树，惊奇地说："咦，怎么像花一样是一簇一簇的？"那次，史光柱摸到的橄榄树小的只有拇指粗，大的也就碗口粗，这跟他想象中的橄榄树完全不一样。

史光柱一边仔细抚摸橄榄树，一边思考："为什么人类会赋予小小的橄榄树如此丰富的内涵？"

史光柱坐在了橄榄树前，思考着如何写一首

△ 史光柱从深圳大学毕业时，学校为他举办告别欢送会

关于橄榄树的诗。这一坐就是三个多小时，他在
心里打了六七十行的腹稿，但是他总觉得不满意。
回去后，一直思考到深夜，他最后砍掉了所有的
细枝末节，改成了一首六行的小诗《心上的橄榄
树》：

> 小片小片叶子，
> 散发小片小片忧伤。
> 小颗小颗果儿，
> 摆动小颗小颗惆怅。

小只小只鸟儿，

轻唤小朵小朵阳光。

写完这首诗后，史光柱觉得很痛快，他觉得把自己所理解的橄榄树都写出来了。后来《心上的橄榄树》成了史光柱的代表作之一，在很多场合都被人记起和朗读。

在念书期间，他和其他大学生一样，听音乐、玩单双杠、听电影，他还和同学们组织了一个"红树文学社"，文学社办的小报在校内外产生了一定的影响。在学校首届文艺节上，史光柱和一位女同学合唱《血染的风采》、《十五的月亮》，赢得热烈掌声，获得了文艺节的第一名。

史光柱受伤失明后，最初最怕看电视，听到"看"字就不舒服，就想起一些痛苦的事情来。他还记得那时候大陆喜欢看一些武打片，还记得1984年的时候放《霍元甲》，那时候20岁的他正躺在病床上。战友们动员他去看，他去看了，但看也看不懂，那武打动作是没法儿听声音来想象的。一看这种片子史光柱就非常痛苦，只听丁零咣啷打半天，也不说话。所以霍元甲他看了一集就没再看。

到了大学读书，史光柱开始练看电视，因为一些电教片必须得看，这是其一；其二，大学里都是年轻人，年轻人都喜欢一起看电影。在大家最集中精力的时候，旁边的人就常常忘掉

△ 深圳大学校庆25周年，校长章必功向史光柱颁发"杰出校友"奖章

给他解释。或者是看喜剧片的时候，整个电影院都在哈哈大笑，史光柱却不知所云。每当这些时候他就很痛苦，就把手中的电影票搓成卷后又展开，展开又搓成卷，用不了多久，电影票就被搓成粉末了。后来史光柱开始逐渐培养自己欣赏电影电视的方法，他觉得，眼睛看不到了，就要服从自己的生理特点。听电视的时候，他慢慢知道，很多情节可能当时没有声音，不明白，但是往后再听听，联系前面的内容，多半都能明白。经过半年多，史光柱听电视的本领大大增强。到后来，

他和别人一起看电视，最后复述起内容来，他讲得比别人还详细。

史光柱与同学们的关系，也从最初的生分拘谨，到后来慢慢熟络亲密。在史光柱的记忆中，男生好说话，天南海北侃大山，而有的女生喜欢开玩笑："史大英雄啊，这么简单的问题你也敢问，这种语句，初中便有，你当年干什么去了? 是忙着递纸条，还是找牧羊女去了?" 弄得史光柱面红耳赤，大家见状，又开玩笑:"果然英雄气短，儿女情长! " 不过这样的玩笑开多了，史光柱逐渐不再脸红，遇上相同的事情也能有问有答，自然应对，有时候还主动拿人调侃。

第一学期,史光柱九门功课平均分为 78.5 分，获得了学校的二等奖学金，1990 年史光柱以优异成绩毕业了，四年中 90 门功课平均 83.9 分，成为深圳大学国际文化专业的三个优秀生之一。这年 8 月，史光柱回到部队，师长、政委看到载誉而归的史光柱十分高兴，政委说 :"好样的，不愧为我们师的兵，打仗攻无不克，战无不胜，生活中学习中也打了个漂亮仗。"

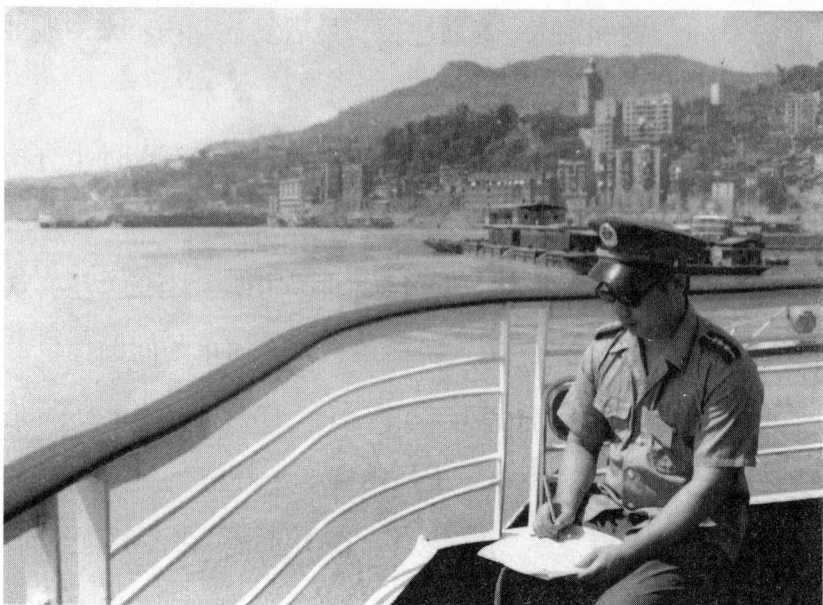

△ 创作学习中的史光柱

　　让史光柱非常感激的是，在大学期间，同学们和老师们总是耐心地给他讲解功课，即使他们再忙、再疲劳。

➡ 文字里开出的花

★★★★★

1993年6月26日下午，史光柱收到了一封信。那时候他正坐在地下室的家中，思考着发言稿。两天后，他的诗集《眼睛》的作品研讨会就要举办了。

"是谁寄来的信？"史光柱问妻子张晓君。

"好像是臧克家。"张晓君说。

史光柱又惊又喜。

在信里，臧克家写道："诗，让89岁的我的心和你的心相通了。近几年来，我绝少看新诗，成了'诗盲'。现在，我用盲眼看你的诗，有破例之感……我原以为，一开卷一定

△ 史光柱的作品

是枪炮轰鸣，结果不然，读到最后才看到你写战争。你失掉了眼睛，你没有失掉生之意志与生趣，你用心灵代替眼睛去看纷纷纭纭、形形色色的大千世界，去探索未来的道路。你把听到的、感觉到的，化为深刻的诗句。我喜欢你写的'奖章压不断我的翼，战斗没有结束，也不会结束'，我想在这句的结尾加上一句'诗，永远不结束'，你同意吗？"

史光柱听到臧克家的信，热泪盈眶。

在史光柱作品《眼睛》的研讨会上，首次提

出"史光柱诗歌现象"，到会的作家、学者从专业的角度站在哲学的高度分析诗歌的"童真美、悲壮美、破碎美"。

1997 年 8 月，史光柱与妻子张晓君来到了雪域高原西藏。其实很长时间以来，用自己的笔杆，记录边防军人，一直是史光柱的梦想。他觉得高原哨所的官兵是真正值得人们敬佩的英雄。

其实，进藏这事也是好事多磨，因为担心史光柱身体受不了高原气候，部队一直不同意，史光柱争取了很久，后来又经过解放军总部和成都军区有关领导的协调，史光柱才得以成行。

史光柱到达西藏后，去的第一站是那曲光缆施工现场，在走路都呼吸困难的地方，边防官兵们要用铁锤、铁锹凿山、凿水。

"兰西拉"光缆工程（西藏段）何止是一条光缆，它是一条光明的哈达。

史光柱用自己的笔记录下了发生在这里的感人故事：

面对修建光缆的命令，某教导员面对妻子几次都难以启口，作为一个营的主管，重大的施工肯定不能缺席。于是他给妻子端饭送药，洗衣铺床，并打水给妻子洗脚。妻子以为是丈夫心疼自己高原反应，其实丈夫是要劝她出藏。

某排长原定要回家结婚，亲友们接到请帖等着喝他的喜酒，姐妹们围着将要结婚的新娘，定要让新郎从西藏带回酥油茶、青稞酒品尝，但最终等来的是新郎要去修建光缆的消息。

△ 史光柱一家人在乃堆拉山口

……

在西藏，史光柱又去了日喀则和中国海拔最高的哨所查古拉。在真实的生活面前，语言显得很苍白。

回到北京后，史光柱感触很深：

有的人在天堂般的生活领域里，却传播和述写着地狱般的情节；有的人在地狱般的生活领域里，却努力塑造着现代版的天堂。……在灯红酒绿的城市里待久了，很少能想到成群、成片的奉献精神，所以看到城市里灯红酒绿的生活情节，身上那种带有激情成分的东西不知不觉就消失在茫茫人群当中。……去了西藏，我重新找回了自信和动力，因为还有那么多人在不遗余力地为和平建设努力着、奋斗着。

2000 年 4 月，赞美当代西藏军人的作品《藏地魂天》出版了。

90 年代初期史光柱开始写歌。他在 2010 年

▷ 史光柱军装标准照

鲜花、掌声，人生的另一种可能

△ 史光柱词曲的《青春木棉》、《红土高原》

创作了16首歌，中国文学艺术基金会、中华文学基金会等还专门为他举办了"红动中国——英雄史光柱创作歌曲演唱会"，演唱会结束后，三首主打歌曲《青春木棉》、《江恋》、《红豆》都被拍摄成了音乐电视。

但是在奥运会的时候，史光柱曾经深受刺激。当时奥运会要征集音乐作品，一万八千多件作品，获奖的只有几十首，史光柱的作品是其中之一。"但是我那首歌是唯一没有被播出来的，原因很简单，

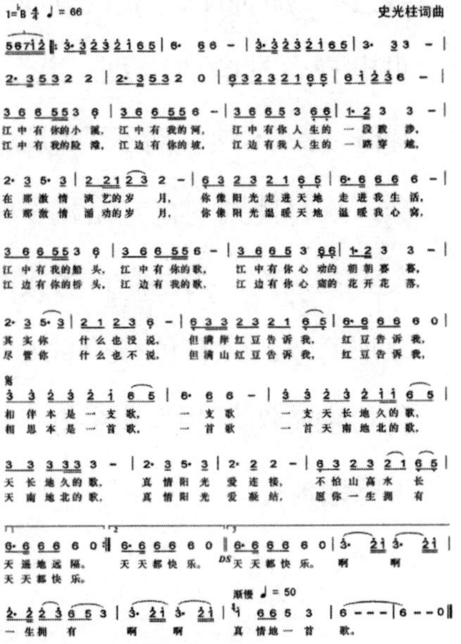

△ 史光柱词曲的《江恋》

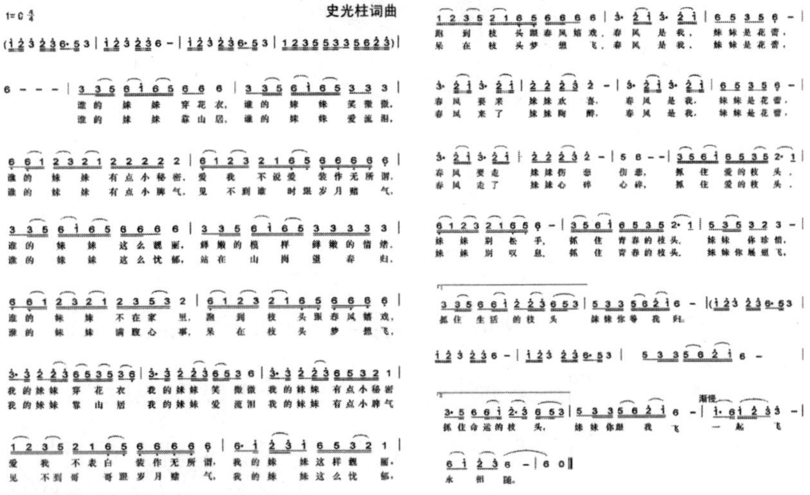

△ 史光柱词曲的《枝上的妹妹》

我没有钱拍MTV，我没有那个条件和人脉。中央电视台打电话给我，说反正你想办法拿出MTV来，不然就播不了。那个时候我非常受刺激，从打仗到现在，无私奉献是我的核心，战友为我牺牲，我也愿意为我的战友而牺牲。所以那时候，我有种一分钱难倒英雄汉的感觉。我特别感谢那些为我举办了音乐会的人，我非常感谢他们。"

⊙→ **桥**

★★★★★

1990年，刚从深圳大学毕业的史光柱回到部队报到后不久，就马不停蹄地赶回老家，匆匆与老母亲打个招呼后，他就去看望战友的父母。与史光柱一个火车皮拉到部队的马

△ 1995年史光柱在贵州三穗县探望烈士家属

龙县籍战友共有 18 人在战场上牺牲了。

战友的事就是自己的事，史光柱始终这样认为，也始终是这样做的。

发抚恤金的事情，是史光柱每到一个烈士战友家里必须问的事。1986 年之前，人民解放军烈士抚恤金一年才 800 元，到了 1986 年底涨到了 2000 元。很多人不知道，烈士抚恤金涨到 2000 元与史光柱的努力有很大的关系。

1985 年史光柱到北京进行英模报告会，当时接见报告团的有中央军委杨尚昆副主席等领导。报告团领导和成员一致推选史光柱向军委领导反映提高烈士抚恤金的问题。这是关系到广大烈士家属生活的大问题。

军委领导接见报告团成员的时候，史光柱就坐在了杨尚昆的旁边。这也是报告团领导有意安排的，主要就是为了便于反映情况。

"小鬼，现在身体怎么样？"杨尚昆关心地问史光柱。

"谢谢首长关心，我身体挺好的。首长，我今天要反映一个问题，这个问题关系到我们烈士家属，关系到整个社会。"史光柱壮着胆子说。

"来，抽支烟。"杨尚昆说。

"谢谢首长！"史光柱接到烟后急忙说。

"我给你点烟。"杨尚昆拿出了火柴。

史光柱正想把烟头伸过去让杨尚昆点，突然想起他是中央军委首长，这样做不合适，赶紧站起来向杨尚昆敬了个标准的军礼。

杨尚昆忙扶着史光柱说："坐，坐，我给你把烟点了。"

"不，首长，我自己来。"史光柱赶紧说。

"小鬼，怕什么，抽吧。"

史光柱看不见，他不知道自己刚才提的问题首长听清了没有，会不会是听清了，但是觉得话题敏感，不便现在说。

"你刚才不是说有问题要提吗？大胆说出来。"杨尚昆亲切地说。

"尊敬的首长，各位军委和中央领导，我反映的这个问题是烈士抚恤金问题，建国以来我们的抚恤金虽然加了一点，但是加的幅度太小，虽说我们战士为国流血牺牲是自己应尽的义务，但是牺牲的战友们都有自己的父母，他们生活过得好与坏，直接关系到弘扬爱国主义和民族精神的深度和广度，抚恤金对于稳定军心、民心也有很大影响。现在烈士的抚恤金是 800 块钱，据说1979 年之前才 600 块，虽说这几年提高了 200 块，但是这点抚恤金离生活本身需求差距太远。我们农村里老百姓撞死一头牛、一头驴还要赔上几百上千元，何况我们的烈士。他们为国流血，献出了自己的生命，甚至连家庭都搭进去了，我们应该提高他们的抚恤金，像现在这种情况，我们活着的人没法向烈士交代，也没法面对他们的父母妻儿。首长，我反映的问题说完了。"

史光柱报告完这个情况，整个现场鸦雀无声。

"这个问题是个实际问题啊，回去后要认真

鲜花、掌声, 人生
的另一种可能

研究，要有个提案提交人大，争取尽快解决。"杨尚昆扭头对另一位总部的领导人说。

随后，杨尚昆对史光柱说："小鬼，你反映的问题挺好嘛，说明你心里装着为国牺牲的烈士，你关心他们家属的生活，关心他们的子女父母，不错，不错，军委会把这件事提上议程的。"

接见结束，首长们刚走，报告团的领导就指着史光柱的鼻子猛批起来："史光柱，你怎么能拿牛和驴与烈士相比呢？烈士是我们的英模，牛和驴是什么东西？你这人怎么这么口无遮拦，有什么事一股脑就倒了出来。再说，首长给你点烟，你还真准备让他点。"

一年后，全国烈士家属抚恤金统一提到了 2000 元。此后，历次抚恤金的提高，都跟史光柱的反映密不可分。从 2011 年 10 月 1 日起执行的《残疾军人、伤残人民警察、伤残国家机关工作人员、伤残民兵民工残疾抚恤金标准表》上显示，因战导致的一级残疾，抚恤金为每年 32990 元。城镇烈属每年可以得到 10480 元抚恤金，农村烈属每年可以得到 6030 元抚恤金。而因公牺牲军人的城镇遗属，每年可以得到 8990 元抚恤金，因公牺牲军人的农村遗属，每年可以得到 5760 元抚恤金。

史光柱的家乡云南省马龙县马鸣乡没有水，没有电，也没有路，而水、电、路都是后来史光柱一点一点为老乡们争取来的。

他是吃密郎的土豆长大的，他从来没有忘记自己的乡亲。

1985年春节前夕，史光柱的伤基本治愈，可以出院了。他揣着1984年7月到1985年1月剩下来的工资，想着这几百块钱如何给母亲生活和治病用，而弟弟也该上学了。

乡亲们为家乡出了大英雄而自豪，同时也向史光柱诉了苦。原来，马鸣乡其他大队都通电了，只有密郎村民委员会和其他两个村民委员会没有通电。

电对于小山村的重要性不言而喻。

史光柱经过几个小时的山路跋涉，来到了马龙县政府，反映了家乡的情况。

半年后的一个晚上，密郎大队的男女老少高兴地欢呼起来，通电了，祖祖辈辈没有用过电灯的十几个小山村，亮起了灯光，灯光照在史光柱的脸上，他看不到，但是他感觉到了光线传来的温暖。

1986年到1988年间，史光柱为家乡的交通而努力奔走，只有修了路，乡亲们才能走出这座封闭的大山，他们的子孙后代才能见到更多世面。

道路修好了，从村里一直通到马龙县城。乡亲们要用史光柱的名字给经过他家附近的一座桥梁命名。史光柱婉言谢绝了。

马鸣乡因地质原因，严重缺水，完全是靠天吃饭，每年收的谷子最多吃三个月，其他时间只能吃杂粮。史光柱一直盼着乡亲们能吃上白米饭。1988年，史光柱帮助马鸣乡解决了人畜饮水问题，但是灌溉用水依然成问题。1995年9月，因云南省精神文明办公室邀请演讲，史光柱来到了省政府大院，并竭力争取让水浇地工程在老家试点。1996年，马龙县马鸣乡密郎村民委员会的三个村首先搞了水浇地试点；1997年，试点扩大到了附近几个村民委员会；1998年，马龙县马鸣乡水浇地试点推广了一半，当地的老百姓也如史光柱期望的，吃上了白米饭。现在，水浇地工程还在继续深入推广中。

2010年，史光柱在老家推进了新农村建设。

在史光柱的生活慢慢归于平静后，依然有很多人找到他，寻求他的帮助。虽然看不见，虽然生活十分的拮据，虽然自己的家庭还背负着沉重的负担，但是史光柱仍然尽力去帮助那些无助的人。

史光柱说："我帮助别人，是因为我经受过苦难。记得小时候，有人给我一块糖，我心里就会很温暖。我想，那些有难处的人，他们也非常希望有人给他们一点温暖。"

1993 年 7 月的一个下午，史光柱接到一个电话，是一个叫曾庆杰的男人打来的。史光柱接到过很多这样的求助电话。在电话里，曾庆杰简单说明了自己的情况，并投宿到了史光柱家。

　　住到史光柱家里后，曾庆杰讲述了自己的境遇：

　　我来自湖北武汉，是一个类风湿性脊椎关节炎患者。曾经上过山下过乡，但是在办理返回省城的档案和户口时，检查出这个病。这是一种病因尚未明了的慢性全身性炎症性疾病，会造成全身畸形萎缩，行动艰难。患病后，我天天与病榻为伴。很长时间里，我的世界就是地塞米松和杜冷丁。我不甘心，找到初中的同学，他们用担架抬着我，几乎走遍了湖北的所有大医院，病情也没有好转。脚上的韧带钙化了，各个关节也成竹状改变。渐渐地，我脊柱弯曲，两腿蜷缩至腹部，体重从 68 公斤降到了 39 公斤，一米七四的身高缩到了一米五，长期的痉挛、高烧、昼夜剧痛让我奄奄一息。女朋友走了，亲情也淡漠了，工作也丢了。

为了填饱肚子，我尝试着下床，因为肢体关节僵硬，多次从床上滚落在地。一家五口，母亲失明，妹妹小儿麻痹症，父亲仅有微薄工资。出院后，我带着妹妹，在街面上摆起了烧烤摊。我拖着猴子一样的身体在前面走，妹妹就在身后缓慢地爬行，但就是这种情况下，地痞还来纠缠，我们换了一条又一条街，但是地痞无赖依然阴魂不散。我无比绝望，开始跟着他们混，后来进了监狱。父亲看见我这样，痛苦不已，投江自杀了。出狱后，我发誓重新做人，谋一个职业，养活家人，但是我却什么工作也找不到……

这是一个濒临崩溃的人，残酷的现实几乎将他击倒在地。

曾庆杰在史光柱家住下后，史光柱想了一些办法，希望能为他谋一份工作，但是对方一听曾庆杰的情况，都表示无能为力。曾庆杰的情绪越发跌入谷底。在他投宿的这段时间里，史光柱说了很多自己的感受，来开导他。

经过二十多天的接触，史光柱发现曾庆杰身上有一种敏感性，文字功底也不错，他开始鼓励曾庆杰写点东西。在聊天中，曾庆杰表示自己很崇敬著名作家史铁生，而史铁生与史光柱是好朋友。于是史光柱打电话给史铁生，说明了这边的情况，史铁生听说后，让史光柱把曾庆杰带过去。见面后，史铁生拍着曾庆杰的肩膀说："任何人都不会告诉你哪儿有坎坷，只会给你指引一条路，所以你要把握好这条路，自己去摸索。假如不成，到时候再想别的办法养活自己。"

曾庆杰回到了武汉老家，半年后，他在当地一家杂志社发表了自己的第一篇短篇小说《阴晴圆缺》。

1995 年 4 月的一天，史光柱收到曾庆杰的一封信，说目前唯一的愿望就是让患有小儿麻痹症的妹妹站起来直立行走，但是家徒四壁，没有钱。为了筹集资金，他先后发出了 240 多封求助信。

史光柱每年都会收到很多求助信，他也会尽自己的力量来帮助那些人。但是他助残的事情传开后，大家却议论纷纷，有的人说他是为了出风头，有的人认为他之所以能慷慨资助残疾人，肯定是国家给了他特殊经费，他拿着国家的钱捞取政治名誉。面对非议，史光柱说，我所做的一切，并不要求人人都能理解，只求对得起一个战斗英雄的称谓。这些年，史光柱不仅没有伸手向国家要过一分钱，而且从来没有接受过任何救济，更没有用公家的钱做过什么。他就是靠着节俭、靠着妻子的理解来做这些事。

鲜花、掌声，人生的另一种可能

家庭月收入并不高的史光柱，咬紧牙关给曾庆杰寄去了500 元钱。曾庆杰收到信后号啕大哭。他寄出了 240 封信，连海外有钱的亲戚都没有给他回信，史光柱回了。

最后，在多方帮助下，曾庆杰凑齐了给妹妹做手术的钱，而他妹妹的手术非常成功，术后可以直立行走了。那时，曾庆杰也在《人民文学》、《诗刊》、《三月风》等杂志上发表了文章，获得了全国青年文学大赛三等奖，并在 2002 年获得武汉市"自强模范"称号。

度过人生的困境后，曾庆杰还收获了爱情，并在 2003 年 5 月 18 日，也就是第 13 个全国助残日那天，和黑龙江姑娘付新宇喜结良缘。

这些年来，史光柱先后为 1000 多位生活无助和绝望的人带去切实的帮助，把他们从生活的泥沼中拖拽出来。

每年的 4 月 28 日前后，史光柱都会和战友们去老山前线扫墓。死者长已矣。

史光柱说："死过一次的人，活一天就是赚一天。"

生活中有很多艰难、不如意，但是一想起那些死去的战友，史光柱就觉得，跟他们相比，自己有媳妇有孩子，已经是足够幸运了。

当年的战友，活着的，基本都留下了一生的伤残。随着年纪的增长，很多人的战争后遗症越发明显。

他们当中有的人过得好一些，有的人过得差一些，而还有的人，是过得非常难。过得好一些的人，大家就凑凑钱，去帮一下那些过得艰难的战友。

史光柱的战友、贵州人吴华，打仗后高位截肢。因为他只是战士，不是干部，所以没有工资，战后就靠残疾抚恤金过活。80 年代时，一个月只能拿到十几二十元钱。后来他娶媳妇生孩子，因为本人无法工作，妻子也解决不了工作，他就只有去蹬三轮车。

他装着假肢去蹬三轮车，假肢跟肉接触的地方都磨出血来，那一块儿总是磨烂老肉又长新肉，新肉又变成老肉，循环往复，从不间断。

有一天下着雨，他蹬三轮拉着两个人，车陷在泥潭出不来了，他说："你们俩先下来吧，等我蹬出这个泥潭，你们再上车。"两人不同意。

实在没有办法，吴华就说："我是假肢，打仗打的。假肢吃不上劲儿，我把你们背下来，等我蹬出这个泥潭，你们再上车。"

两人不愿意动，说："蹬不出来你还混什么混，干了蹬三轮这行，就得把我们蹬上来。"

吴华没有办法，说："我真的蹬不上来，我把钱退你们吧。"

两人说："大雨天你让我们下来怎么办? 不要钱，你就要把我们送到目的地。"

吴华铆足劲儿蹬了一下，假肢上的零件把大腿的肉都扭下来一块，也顾不上了。后来好不容易求路人帮忙，把三轮车推出了泥潭。他边哭边骑车，把两人送到目的地后，这个曾经从枪林弹雨里走过来的男人，掉头躺在滂沱大雨下的泥地上，失声痛哭起来。

吴华休息了一段时间后，继续蹬三轮，风风雨雨蹬了三四年，攒钱买了残摩，后来又违反规定，说他的残摩不能拉人。媳妇没有工作，就出去摆摊，压力太大得了精神分裂症。战友们给他媳妇捐款治病，治了几年好一些。现在他媳妇死了，不过儿子大了，能照顾他了。

史光柱说："残疾人说起来是一个词，其实渗透到生活的方方面面，比如交往，比如工作。如果我不残疾，我肯定带兵，但是我从不后悔。一个国家，为国为人民，就得有人去流血牺牲，战士为国流血牺牲是必要的，但是这些人是应该被照顾好的。本来应该是整个社会来承担的负担，一旦转移到个人家庭，那就是不能承受之重。"

"这些问题，光靠几个人，光靠小群体肯定不行。80年代、90年代，是社会财富急剧增长的时期，但正是在这一时期，我的战友们被遗忘了，而且一忘就是十几年，那些曾经最可爱的人，却变成了最可怜、最可悲的人。"

"这些年，大家生活水平提高，社会的飞速发展有目共睹，但是有的问题依然存在，比如弱势群体的处境、心态……他们要如何融入社会。除了法律法规的保障外，还需要大家的关注。社会的发展不应该只用GDP衡量，美好和幸福包含很多东西，如果只用GDP来衡量问题，那就是一种建立在沙滩上的美好，没有根基。"

"现在社会保障体系在不断完善中，但是还是有很多缺陷，就拿在战争中受伤的人员来说，这些人为国家抛头颅洒热血，应该受到人们的尊重，但是现在他们的生活都无法维系，我们如何向历史和后人交代？"

史光柱写过一首诗《生活·衣服》：

突然的荆棘撕破衣衫，

风吹来，破口两边

相互指责，扭打在一起

昨天，还是

密不可分的朋友，

今天，便

反目成仇。

生活多像衣服。

……

衣衫不是疆土，可

多像疆土，

如果疆土撕开口子，

要多少人填进去。

我和我的父兄填进去，

他们和他们的兄妹填进去。

昨天，

草木还在血腥争斗，

今天，

便已破镜重圆。

这边，那边

山水相依，

共揽一湾和睦。

我抚摸界桩，如同

抚摸着亲手缝钉的针脚儿。

昨天，今天，一字之差

却包括了多少内涵。

……

当这边和那边，

大手相握，

也就宣告新的开始，

似乎什么都没发生。

那个季节，

成了无人光顾的断代史。

"史光柱,我认识你,也记得你……"2009 年 9 月 14 日下午,史光柱在参加"双百"人物座谈会时,胡锦涛总书记代表党和国家领导人接见时亲切地握着史光柱的手,在他的耳边说了这样一句话。

史光柱看不见,完全没想到总书记会这样亲切地跟他说话,他愣住了,然后温家宝总理紧握着他的手说:"我是温家宝……"

2012 年 5 月 4 日,胡锦涛总书记询问了史光柱的身体,让他好好创作。

在某些瞬间,史光柱会觉得这一生的忙碌和追求都有了价值。他希望用自己的能力,带动更多的人去关注弱势群体。

⊙ 尾 声

★★★★★

现在史光柱的一天非常简单：起床时间不定，晚上要是写稿子或者听书，就起得晚；如果晚上不晚睡，一般早上七点半到八点起床。在家就是上上网，听听书，写写东西，以获取信息为主。他说："我的信息来源有两个，一个是通过听书，听电视等；另一个就是到了某个地方后，听人介绍。我生性喜欢大自然，觉得大自然跟我能沟通，过去有眼睛的时候，就喜欢看，后来没有眼睛了，就喜欢听。我少年的时候生活在高原，天高地阔，整个对我来说就是天然音响，晚上有虫鸣，白天有鸟叫。"

让很多人没有想到的是，史光柱虽然多

年来眼睛看不见，但是与时代却从未脱节，会跳舞，会使用家用电器，会用MP4，会用电脑……基本常见的生活设施都会用。他现在可以和家人一起坐在客厅看电视，且不需要人解释电视情节就能明白。

现在，史光柱还是有战争后遗症，主要是头痛，另外就是膝盖和背部的问题，当年的伤病随着时间的推移，抵抗力下降，就更加显现出来。

在和史光柱聊天的时候，他说："作为军人，是国家最后的堤坝，军人垮掉就什么都垮掉，什么安宁啊、和平啊根本都谈不上。我自认我在拿枪杆的时候是基本合格的，现在拿不了枪杆了，我就拿起笔杆，也希望自己能合格。"

笔者问史光柱："像您这一代人，十七八岁、二十多岁的时候就已经上战场了，枪林弹雨都经历过了。那用您的眼光看现在的十七八岁、二十多岁的年轻人，是什么感觉？"

史光柱说："我曾经在90年代末期的时候，对年轻人是很有看法的。因为我们是吃过苦的，我们的前一代人比我们更吃苦，但是正好我们的下一代都是独生子女，所以我们都不想自己的孩子去重新走我们吃苦的道路，把孩子都当作宝贝，自然而然地，小孩子就会以自我为中心。很多孩子没有关心他人的热情，不会换位思考，更不会考虑大爱大义。"

△ 史光柱在自家小院里

　　"但是四川汶川大地震和奥运会彻底改变了
我的看法，很多八零后甚至九零后自发去当志愿
者，去做一些事。像在奥运会中，很多年轻的志
愿者去做翻译，去给来自五湖四海的外国友人介
绍中国，我觉得年轻的一代，他们的知识结构、
文化层次都是非常高的。像在汶川大地震中，很
多年轻人自愿为灾区人民募捐、服务……我认为
在他们心中，大局意识、勇于担当的意识依然是
有的，中华民族的概念还是很强的，真善美的东
西仍然一代代在传承。"

后　记

平民英雄

如果问一个孩子：提到"英雄"你会想到什么？可能他想到蜘蛛侠、超人的可能性更大。这无可责备，他们生长在和平年代，董存瑞、黄继光之类的名字对他们来说只存在于课本中，太遥远。

每个时代有每个时代的英雄。在我们这个时代，没有硝烟滚滚，没有枪林弹雨，但依然有很多普通人在危急时刻舍己为人，为了别人而牺牲自己。他们不是战士，不在战场，但是他们的精神与英勇的战士没有区别，他们是我们这个时代的平民英雄。

2012年5月8日，黑龙江佳木斯市。面对失控冲向学生的大客车，28岁的女教师张丽莉奋力推开身边的学生，自己却被卷入车轮下，造成全身多处骨折，双腿高位截肢。

那一瞬，张丽莉柔弱的身躯如同一道铜墙铁壁挡在生死之间，她用双腿换来两名学生的生命。

2012年5月18日傍晚，哈尔滨火车站附近的一家面馆突发燃气泄漏并发生爆炸。在这里用餐的北京卫戍区某团纠察连班长高铁成忍着被烧伤的剧痛，三闯火场排险救人，和店员一起关闭燃气阀门，并指挥没受伤的餐馆员工开窗通风、关闭电闸，消除再次发生爆炸的危险。

完成这一切之后，他踉踉跄跄走出店外，晕倒在地。就在急救车上，他还使出全身力气取下吸氧装置，交给另一名伤者。

2012年5月29日，江苏的锡宜高速公路上。忍受着腹部被突然飞来的制动毂碎片击中的剧痛，48岁的杭州司机吴斌用76秒的时间，完成了靠边停车、拉手刹、打开双闪灯等一整套保障安全动作，及时疏散车上24名乘客，自己却因伤势过重，于6月1日凌晨在医院去世。

……

在战场上，为了给受伤的战友包扎，用光了自己身上的急救包……

在战场上，为了掩护战友，自己中弹牺牲……

在战场上，重伤不下火线，坚持到最后一刻……

虽然时代变迁，但是很多精神从未改变，这些精神化作文字、化作语言依然代代相传。

英雄从未消失，只是换了一种形式。

/100位
新中国成立以来感动中国人物/

丁晓兵　马万水　马永顺　马恒昌　马海德　中国女排五连冠群体

孔祥瑞　　孔繁森　　文花枝　　方永刚　　方红霄　　毛岸英

王　杰　　王　选　　王　瑛　　王乐义　　王有德　　王启民

王进喜　　王顺友　　邓平寿　　邓建军　　邓稼先　　丛　飞

包起帆　　史光柱　　史来贺　　叶　欣　　甘远志　　申纪兰

白芳礼　　任长霞　　刘文学　　刘英俊　　华罗庚　　向秀丽

廷·巴特尔　许振超　　达吾提·阿西木　邢燕子　　吴大观

吴仁宝　　吴天祥　　吴金印　　吴登云　　宋鱼水　　张　华

张云泉　　张秉贵　　张海迪　　时传祥　　李四光　　李春燕

李桂林和陆建芬夫妇　李素芝　　李梦桃　　李登海　　杨利伟

杨怀远　　杨根思　　苏　宁　　谷文昌　　邰丽华　　邱少云

邱光华　　邱娥国　　陈景润　　麦贤得　　孟　泰　　孟二冬

林　浩　　林巧稚　　林秀贞　　欧阳海　　罗映珍　　罗健夫

罗盛教　　草原英雄小姐妹　赵梦桃　　钟南山　　唐山十三农民

容国团　　徐　虎　　秦文贵　　袁隆平　　钱学森　　常香玉

黄继光　　彭加木　　焦裕禄　　蒋筑英　　谢延信　　韩素云

窦铁成　　赖　宁　　雷　锋　　谭　彦　　谭千秋　　谭竹青

樊锦诗

图书在版编目（CIP）数据

史光柱 / 刘一恒著. -- 长春：吉林文史出版社，
2012.11（2022.4重印）
（100位新中国成立以来感动中国人物）
ISBN 978-7-5472-1313-1

Ⅰ.①史… Ⅱ.①刘… Ⅲ.①史光柱－生平事迹－青
年读物②史光柱－生平事迹－少年读物 Ⅳ.
①K825.6-49

中国版本图书馆CIP数据核字（2012）第278175号

史光柱

SHIGUANGZHU

著/ 刘一恒
选题策划/ 王尔立　责任编辑/ 王尔立 李洁华 任玉茗
装帧设计/ 韩璘
出版发行/ 吉林文史出版社
地址/ 长春市福祉大路5788号　邮编/ 130118
电话/ 0431-81629363　传真/ 0431-86037589
印刷/ 天津海德伟业印务有限公司
版次/ 2012年12月第1版 2022年4月第4次印刷
开本/ 640mm×920mm　1/16
印张/ 9　字数/ 100千
书号/ ISBN 978-7-5472-1313-1
定价/ 29.80元